Hans Peter Herrmann
Identität und Machtanspruch

Hans Peter Herrmann

Identität und Machtanspruch

Deutscher Frühnationalismus um 1500?
Geschichte, Theorie und Wirkungsmechanismen

WALLSTEIN VERLAG

Bibliografische Information der Deutschen Nationalbibliothek
Die Deutsche Nationalbibliothek verzeichnet diese Publikation
in der Deutschen Nationalbibliografie; detaillierte
bibliografische Daten sind im Internet über
http://dnb.d-nb.de abrufbar.

www.wallstein-verlag.de
Vom Verlag gesetzt aus der Stempel Garamond
Umschlaggestaltung: Susanne Gerhards, Düsseldorf,
unter Verwendung des Gemäldes: Werkstatt Albrecht Altdorfer,
das Reich Germaniae, 1512/15 (mit freundlicher Genehmigung der Albertina, Wien)
für alle anderen Abbildungen im Band: Wikipedia, Creative Commons
Druck und Verarbeitung: Hubert & Co, Göttingen
ISBN 978-3-8353-5474-6

Inhalt

Werkstatt Albrecht Altdorfers: »Reich Germaniae«, Gouache auf Pergament. Bild im Bild aus dem »Triumphzug« für Maximilian I. Regensburg, 1512/15.

Kaiser Maximilian I. als deutscher König. Auf seine Anweisung hin als »Germ[an]isch fraw« gemalt, »mit langem Haar und Krone«, als Personifikation des Deutschen Reichs. Das Bild ist die früheste Darstellung Deutschlands als politische Nation. Zum Kontext s.u. S. 96ff.

vnsere nacio: meyster vber alle andere nacion

Erzbischof und Kanzler Jakob von Sierck, 1453

Dann wem dies nit zu Herzen geht,
der hat nit lieb sein Vaterland,
ihm ist auch Gott nit recht bekannt.

Ulrich von Hutten über die Not der deutschen Nation, 1523

Es ist der Nationalismus, der die Nationen hervorbringt, nicht umgekehrt.

Ernest Gellner, 1991

Eine Nation ist eine Gruppe von Menschen, die durch einen gemeinsamen Irrtum hinsichtlich ihrer Abstammung und eine gemeinsame Abneigung gegen ihre Nachbarn geeint ist.

Karl W. Deutsch, 1953

Vorwort

Der erste Anstoß zu diesem Buch kam von außen. Im Wintersemester 1990/91 waren drei Studierende nach einer Vorlesungsstunde zu mir gekommen. Ob ich bemerkt hätte, dass in einem von mir gerade besprochenen, einst sehr erfolgreichen deutschen Geschichtsdrama von 1745 der Autor einen heftigen deutschen Nationalismus vertrat? Hatte ich nicht. Wie sollte ich auch? Ein deutscher Nationalismus in der Mitte des 18. Jahrhunderts? Das war nicht denkbar, denn die europäischen Nationalismen hatten, nach einhelliger Meinung der Historiker, mit der französischen Revolution begonnen und der deutsche mit den Befreiungskriegen, beides um 1800.

Doch Anfang der 1990er-Jahre hatte in der bundesrepublikanischen Öffentlichkeit eine erregte Auseinandersetzung mit dem ›Neuen deutschen Nationalismus‹ begonnen, der sich im Kontext der »Wiedervereinigung« nicht nur in Ostdeutschland breitzumachen suchte. Auch ich war dadurch hellhörig geworden, und eine erneute Lektüre zeigte: Meine engagierten Studierenden hatten recht: Klopstocks »Hermanns Schlacht« war nationalistisch. Das setzte mich auf eine Spur, der ich seither mit Unterbrechungen nachgegangen bin.

Ich bin 1929 geboren und gehöre zu der Generation, die den Nationalsozialismus noch bewusst erlebt hat und in deren Denken und Fühlen er durchaus Spuren hinterlassen hat. Den Zusammenbruch des Deutschen Reiches 1945 hatte ich als Befreiung erfahren, als Auftauchen und Zu-mir-selbst-Kommen aus einer Welt, die vom Nationalismus zuschanden regiert worden und in der alles falsch gewesen war. Und diesen Nationalismus sollten ausgerechnet bekannte deutsche Schriftsteller im Zeitalter der Aufklärung vorbereitet haben?

Ich habe in den folgenden Semestern mehrere Seminare zum Thema »Nationalismus in der deutschen Literatur« gehalten. Dort stießen wir auf eine durchgehende Reihe von namhaften Gedichten, Dramen und erzählenden Texten zwischen 1780 und 1600, in denen Deutschland, Deutschlands Vergangenheit, Sprache und Kultur einen hohen emotionalen Wert besaßen. Sie wurden im gebildeten Bürgertum und in der Wissenschaft »patriotisch« genannt, standen aber übergangslos neben Texten, in denen von Deutschland sehr viel rabiater gesprochen wurde. In ihnen war Deutschland kulturell und politisch von Feinden bedroht, musste »Einigkeit« demonstrieren, konnte die Vorherrschaft über die anderen oft erst in blutigen Schlachten zurückgewinnen, und der »Dienst am Vaterland« galt wie selbstverständlich als höchster Wert und »für Deutschland sterben« als Sinn des eigenen Lebens. Im kulturellen Gedächtnis der Deutschen hatten beide Textsorten ein gleiches Gewicht

Hatte es vielleicht doch einen Nationalismus vor 1800 gegeben? Und wenn, welche Bedeutung hatte das dann?

Ich habe damals versucht, Fachhistoriker durch Aufsätze auf das Problem aufmerksam zu machen, blieb aber ohne Echo. Solch literarische Texte galten als nur ästhetisch, also als politisch irrelevant. Und schon gar nicht als imstande, gesicherte Anschauungen über den Nationalismus ins Wanken zu bringen.

Ich musste es also grundsätzlicher anfangen, musste an den mutmaßlichen Beginn dieser nationalistischen Textproduktion zurückgehen und nach der Geltung des bisherigen Nationalismusbegriffs fragen. Es war ja nicht so, dass wir nur ein neues Stoffgebiet in früheren Jahrhunderten entdeckt hätten, das in den Wissensstand der Historiographie einzufügen gewesen wäre. Wir hatten begonnen, deren begriffliche Grundlagen zu verändern.

Es wurde ein langer Weg. Und er zeigte, wie viel Wissen ästhetische Texte, zumal solche von hoher Qualität, zum Beispiel über den Nationalismus und die Bedingungen seiner Entstehung enthalten.

Inzwischen hatte es Unruhe in den Geisteswissenschaften gegeben.

In der deutschen Geschichtswissenschaft hatte ein erbittert geführter Streit um die »konstruktivistische Wende« bisherige Selbstverständlichkeiten aufgebrochen. Und der immer deutlicher sich abzeichnende Aufstieg der Kulturwissenschaften hatte das Tableau der alten »Geisteswissenschaften« gründlich durcheinandergebracht. Beides hatte das Verständnis des Nationalismus verändert und auch mich in die Lage versetzt, analytisch festeren Boden zu erreichen.

*

Mein Dank, dass dieses Buch entstehen konnte und dass es so geworden ist, wie es ist, gilt vor allem anderen einem etwas jüngeren Freiburger Kollegen, der diesen Dank nicht mehr entgegennehmen kann, dem Mediävisten und Frühe-Neuzeit-Forscher Dieter Mertens. In seinen vielen Aufsätzen habe ich nicht nur von seinem immensen Wissen profitiert, sondern auch von seinen Fähigkeiten, in seinen vielen behutsamen Untersuchungen bei aller Detailversessenheit stets die unauftrennbare Vielseitigkeit der Geschichte im Blick zu haben: das komplexe Ineinander von politischen, sozialen und kulturellen Triebkräften, das Ineinander von gegebenen Verhältnissen und menschlichen Aktivitäten. Er ist 2014 gestorben, ehe ich mit meinen Kenntnissen und Überlegungen zur Epoche um 1500 so weit gewesen wäre, ihm vernünftige Fragen stellen zu können.

Chronologisch an die erste Stelle gehören die Studierenden meiner einschlägigen Lehrveranstaltungen mit ihrer wachen Aufmerksamkeit, ihrem Engagement, ihrer Zuarbeit und ihrer Kritik.

Dank auch an Klaus Holz für unser frühes, klärendes Gespräch über das uns beiden wichtige Thema. Und für seine nicht nachlassenden Ermutigungen.

Dank an die jüngeren Kolleginnen und Kollegen unserer »Arbeitsgruppe« für unsere vielen Abende mit intensiven Textlektüren, mit gutem Essen und mit hilfreichen Anregungen für mich.

Dank an Rüdiger Scholz, den Freund in heftigen und ruhigeren Zeiten. Und Dank für Anregungen, Kritik und Hilfen an Achim Aurnhammer, Hans-Martin Blitz, Klaus-Michael Bogdal, Andreas Erb, Daniel Götzen, Martina G. Herrmann, Susanna Moßmann, Reinhold »Slix« Schlicksbier, Matthias Winter, Isabelle Zink. Dank an die Freiburger UB mit ihren unersetzlich reichen Beständen und ihren freundlichen Menschen und Dank an Florian Welling, den Lektor des Wallstein Verlags, ohne den mein Manuskript kein Buch geworden wäre.

***

Editorische Notiz:

Dieses Buch ist nicht nur an Wissenschaftler adressiert, es sollte auch Laien zum Lesen einladen können. Selbstverständlich mussten die Ergebnisse der Untersuchungen nachprüfbar sein, aber die Auseinandersetzungen mit der umfangreichen Forschung, die zu ihnen geführt hatten, sollten hinter der Bühne bleiben, desgleichen die Argumentationen, die sie absicherten. Die Platzierung im gegenwärtigen Stand der Forschung sollte sich auf zentrale Fragen beschränken. Und die Nachweise sollten bei der Menge der rezipierten Sekundärliteratur auf diejenigen reduziert werden, die mir für mein Thema hilfreich gewesen waren. Die Form, die mir dafür geeignet schien, ist die einer systematisch akzentuierten, chronologischen Erzählung – was nicht ohne gelegentliche Vorwegnahmen und Wiederholungen zu haben war.

Einleitung

Der Nationalismus ist wieder da. 2017 konnte in Deutschland die rechtsnationale AfD mit ihrem nationalistischen Programm als drittgrößte Partei in den Bundestag einziehen und drängt sich seither in alle politischen Fragen unseres Gemeinwesens. – In den Niederlanden, in Dänemark, in Frankreich und England sind nationalistische Parteien ins Zentrum der politischen Auseinandersetzungen vorgerückt, in Italien ist eine rechtsnationale Parteiführerin Ministerprädidentin geworden, in Polen und Ungarn haben Nationalisten die Regierung übernommen und gefährden den Zusammenhalt der EU, in den USA hat vier Jahre lang »America First« die Politik dominiert, und in vielen Verschwörungstheorien ist die eigene Nation ihr harter ideologischer Kern. Was ist passiert?

Wirklich verschwunden war er nie. Aber nach 1945 hatte die Katastrophe des Nationalsozialismus seine verbliebenen und seine neuen Anhänger für Jahrzehnte an den Rand des politischen Spektrums verwiesen. Der Nationalismus hatte sich delegitimiert und galt für die westlichen Demokratien als überholtes Gesellschaftsmodell; einzelne nationale Wellen wie die Erfolge der NPD 1964/68 wurden als Reste nationalsozialistischer Vergangenheit gedeutet. Doch spätestens um 1990 war diese Situation vorbei. In Deutschland hatte der Beitritt der DDR zur BRD dazu geführt, dass nach 1989 erstmals wieder in der Öffentlichkeit mit Anspruch, Gewicht und – kontroverser – Resonanz vom deutschen »Volk«, von »Deutschland« und »deutscher Größe« gesprochen werden konnte; in Frankreich hatte der Front National zur gleichen Zeit einen ersten Höhepunkt seiner Wählerzustimmung erreicht; in Italien errang die Lega Nord 1992 ihre ersten Sitze im römischen Zentralparlament; in Osteuropa entstand nach dem Zerfall der Sowjetunion eine Vielzahl von nationalen Neu- und Wiedergründungen, die auf dem Balkan unter dem Zugriff vor allem des serbischen Nationalismus das Ende des alten Jugoslawien herbeigeführt haben und etwa in Ungarn Grundlagen des europäischen Rechtsstaates zerstörten. Und in der Ukraine führen gegenwärtig zwei europäische Staaten einen nationalistisch kodierten Krieg gegeneinander, mit nationalistischen Identitätsparolen und mit Vernichtungswünschen gegen den jeweiligen nationalen Feind.

*

Die Rückkehr des Nationalismus wirft zwei Fragen auf. Wie politisch umgehen mit den neuen Nationalisten und ihrem Auftreten? Und: Wie das Verschwinden und das unerwartete Wiederauftauchen des Nationalismus mit seinem unerwarteten Breitenerfolg erklären und historisch einordnen?

Antworten auf die erste dieser Fragen zu suchen, ist Sache politischer Analysen und Stellungnahmen, auch von uns Wissenschaftlern und Wissenschaftlerinnen. Antworten auf die zweite Frage zu suchen, ist Sache historischen Forschens und Urteilens. Es ist schließlich nicht gleichgültig, wie wir den neuen Nationalismus verstehen und einschätzen. Als Wiederaufflammen des nie ganz besiegten Nationalsozialismus? Als verständliches, aber realitätsblindes Verlangen nach der Rückkehr des geschlossenen Nationalstaats und dessen Ideologie? Als verbohrte Reanimierung völkischer Ideologeme des 19. Jahrhunderts? Als entgleisten Patriotismus? Also als etwas, was nicht hierher gehört, einen Fremdkörper im Gefüge unserer ›postmodernen‹ Gesellschaften? – Oder, wie hier, als eine der vielen Formen, in denen der Nationalismus seit seiner Entstehung um 1500 die Geschichte (nicht nur) Europas mitgestaltet?

Antworten auf diese Fragen sind in den vergangenen Jahren kaum noch von der Geschichtswissenschaft gekommen, die lange Zeit zuständig war für Geschichte und Bedeutung des Nationalismus. Sie kommen jetzt von der Soziologie, den Kulturwissenschaften und vom Feminismus, der die Liaison von Männlichkeitskonzepten und Nationalismus untersucht hat. Ohne sie dürfte heute ein angemessenes Verständnis des Nationalismus und seiner Geschichte kaum mehr möglich sein.

Mit diesem Paradigmenwechsel, dem auch meine Darstellung folgt, ist eine Reihe von Begriffen ins Spiel gekommen, über deren Bedeutung vorab eine Verständigung sinnvoll scheint. Und es haben sich auffällige grundlegende Veränderungen im bisherigen Verständnis von ›Nation‹ und ›Nationalismus‹ ergeben, über die anschließend berichtet werden muss.

Um vorab auch einem möglichen Missverständnis vorzubeugen: Ich werde im Folgenden über die Entstehung des deutschen Nationalismus sprechen, nicht aber über die Entstehung der deutschen Nation. Das meint: Ich werde Texte und deren Autoren behandeln, die von den Bedingungen, von der Bedeutung und von der Zukunft einer deutschen Nation sprechen. Und ich werde danach fragen, was sie damit meinen und warum sie so sprechen. Ich werde aber nicht danach fragen, wann und wie die deutsche Nation als politisches

Phänomen entstanden ist – das wäre eine andere, eine vorwiegend der politischen Geschichtsschreibung vorbehaltene Aufgabe. Die Trennung beider mag vorerst verwundern, ich werde gleich auf sie zurückkommen.

*

Traditionell wird in der Geschichtswissenschaft der Nationalismus als ›Idee‹, als ›Weltbild‹ oder ›Weltanschauung‹ verstanden. Auch neuere Zusammenfassungen nennen ihn so.[1] Andere haben ihn mit dem Begriff des ›Diskurses‹ gefasst;[2] derzeit gilt er als ›Narrativ‹. Für geeigneter halte ich es, ihn als eine Form produktiven sozialen Handelns zu verstehen,[3] als ein Ensemble intellektueller, emotionaler, sprachlicher oder künstlerischer Akte, das dazu dient, die soziale, politische und kulturelle Welt in eine bestimmte (»gedachte«) Ordnung[4] zu bringen und Menschen und Dingen einen Platz in dieser Ordnung zuzuweisen. Soziologen nennen das Ergebnis solchen Handelns seit den 1930er-Jahren ein »Deutungsmuster«. Ich ziehe diesen Begriff gegenüber ›Diskurs‹ und ›Narrativ‹ vor, weil er von sich aus einen Bezug auf Realität enthält, die gedeutet werden muss, und weil er, anders als ›Idee‹ und ›Weltanschauung‹, eine Tätigkeit voraussetzt, mit der Subjekte diese Realität performativ erschließen und ordnen.

Deutungsmuster zu erstellen, ist demnach eine Aktivität, die nicht nur im Kopf der Individuen vor sich geht, sondern auch das praktische Verhalten von Einzelnen und Gruppen in ihrer jeweiligen Umwelt bestimmt – natürlich nicht beliebig und in eigener Machtverfügung, »nicht aus freien Stücken, nicht unter selbstgewählten, sondern unter unmittelbar vorgefundenen, gegebenen und überlieferten Umständen«.[5] Der Nationalismus wäre dann zu verstehen als die Erfindung von und Arbeit an einem spezifischen Deutungsmuster, mit dem Individuen und Kollektive seit dem 15. Jahrhundert sich ihre ›Welt‹ als in Nationen gegliedert vorstellen und sich ihres eigenen regionalen Platzes in dieser nationalen Weltordnung versichern, gegebenenfalls auch mit Gewalt. Und die sehr unterschiedlichen Formen, in denen während dieses Zeitraums vom Nationalen gesprochen und geschrieben worden ist, wären dann zu verstehen als die langlaufende

1 Fahrmeir 2017; Stauber 2019.
2 Münkler 1998; Hirschi 2005.
3 Mense 2016.
4 Lepsius 1982.
5 Marx 1852, S. 115.

Entwicklungsgeschichte dieses Deutungsmusters mit einer Vielzahl von Varianten über mehr als vier Jahrhunderte hinweg.

Ich halte diesen pragmatischen Ansatz, im Guten wie im Bösen, für hilfreich, um den intellektuellen und ›psychischen‹ Aufwand zu verstehen, mit dem Menschen in Zeiten gravierender gesellschaftlicher Veränderungen nach der alternativen Ordnung der ›Nation‹ Ausschau gehalten und ihren Platz in dieser Ordnung verteidigt haben. Ich halte ihn für hilfreich, um die affektiven Energien zu verstehen, die in nationalistischen Texten stets enthalten sind und die in hochgetriebenen Situationen Menschen zu besonderen Handlungen bis hin zur Selbstaufopferung geführt haben. Jede plausible Theorie des Nationalismus sollte diese Konsequenz nationalistischen Denkens erklären können.[6] Und »Deutungsmuster« erlaubt m. E. einen neuen Blick auf den Anfang, die Texte und auf die weitere Geschichte (nicht nur) des deutschen Nationalismus, wie im Folgenden erkennbar werden sollte.

Den Nationalismus derart als ›Handlungskonzept‹ zu verstehen, als intellektuelles, emotionales und praktisches Handeln von Individuen und Gruppen, hatte sich mir Anfang der 1990er-Jahren als sinnvoll gezeigt, als ich bei erneuter Lektüre von Texten prominenter deutscher Autoren aus den 1760er- bis 1780er-Jahren, von Klopstock, Gleim und den »Hainbund-Dichtern«, auf heftige nationalistische Töne gestoßen war, die bis dahin in der Forschung kaum beachtet worden waren.[7]

Dabei hatte sich dann auch eine zweite Tradition im Verständnis von Nationalismus als wenig ergiebig erwiesen: die grundsätzliche Trennung zwischen einem mehr oder weniger militanten, politischen und einem eher friedlichen, kulturellen Nationalismus, die lange Zeit die Forschung und den Sprachgebrauch der Gebildeten beherrscht hat.[8] Erst in jüngerer Zeit ist sie aufgegeben worden.[9] Es führt offensichtlich weiter, von unterschiedlichen Akzenten innerhalb des gleichen Deutungsmusters auszugehen.

*

Aus der konstruktivistischen Soziologie der USA stammt das Theorem, dass Nationen keine an sich seienden, natürlich entstandenen

6 Anderson 1988, S. 17.

7 Herrmann 1996.

8 Winkler 1978; Alter 1985; Wehler 2001.

9 Langewiesche 1995; dagegen neuerdings Kunze 2005.

Entitäten sind, sondern »vorgestellte Gemeinschaften«,[10] »gedachte Ordnungen«,[11] mit denen sich Gesellschaften ein Bild von sich selbst machen, von ihrer inneren Gliederung und ihrer Abgrenzung nach außen. Und mit denen sie ihre ›kollektive Identität‹ bilden – ein Begriff, der inzwischen für ein angemessenes Verständnis des Nationalismus unverzichtbar geworden ist. Er bezeichnet den Mechanismus, durch den unterschiedliche Menschen – in ihrem eigenen Verständnis wie in dem ihrer Umwelt, in ihrer Selbstdefinition wie in ihren Handlungen – zu einer ›Gemeinschaft‹ werden, die sich durch drei Merkmale auszeichnet: Sie grenzt sich gegen andere ab; sie erzeugt einen mehr oder weniger engen Zusammenhalt (ein ›soziales Band‹) innerhalb der Gemeinschaft; und sie verschafft ihren einzelnen Mitgliedern die Gewissheit einer mehr oder weniger festen Zugehörigkeit zu dieser Gemeinschaft.

Der selben konstruktivistischen Prämisse folgend, haben die Kulturwissenschaften ein eigenes Verständnis des Nationalismus entwickelt. Sie begreifen ihn als eine primär *kulturelle* Konstruktion, als ein Zeichensystem, das besetzt ist mit einem komplexen Ensemble von Emotionen, Wunsch- und Abwehrphantasien. Womit auch die traditionelle Unterscheidung zwischen einem ›bloß‹ kulturellen und einem ›eigentlichen‹ politischen Nationalismus nicht unwichtig, aber doch zweitrangig geworden ist.

Sozialpsychologen haben die Mechanismen untersucht, durch die der Nationalismus Einzelne und Gruppen zu faszinieren imstande ist, sie zu Taten antreibt oder Taten rechtfertigt. Und der Feminismus hat den Blick auf den spezifisch männlichen Charakter nationalistischer Konzepte und Aggressionspotentiale gelenkt.

Die deutsche Geschichtswissenschaft hat sich schwer getan mit dieser ›kulturalistischen Wende‹ im Verständnis von Nation und Nationalismus, die zu einer Umkehrung des ihr gewohnten Verhältnisses beider geführt hat. Für sie war es seit den 1970er-Jahren selbstverständlich gewesen, dass der Nationalismus im Zuge der Französischen Revolution entstanden ist, als politische Idee und ideologische Begleiterscheinung bei der Entstehung der modernen Nationalstaaten – und dann auch in seinen kulturellen Formen. Und sie hat sich erst nach heftigen Auseinandersetzungen in den 1990er-Jahren von diesem ›substanzialistischen‹ Nationenbegriff zu lösen begonnen und gelernt, den Satz von Ernest Gellner ernst zu nehmen,

10 »*Imagined communities*«, Anderson 1983.
11 Lepsius 1978.

dass es »der Nationalismus ist, der die Nationen hervorbringt, und nicht umgekehrt«.[12] Von ihm, von der Entwicklungsgeschichte des deutschen Nationalismus, will ich im Folgenden berichten; die Entwicklungsgeschichte der deutschen Nation wäre ein anderes Thema.

*

Inzwischen wird die grundsätzliche Geltung des »konstruktivistischen Grundansatzes«[13] kaum noch angezweifelt, auch wenn seine Reichweite nach wie vor strittig ist. In namhaften Darstellungen wurde auch das Dogma von der Entstehung des Nationalismus in der Französischen Revolution vorsichtig revidiert und die Anfänge des europäischen Nationalismus immerhin bis in die Niederländische Revolution[14] zurückverlegt – die Anfänge des deutschen bis in die Mitte des 18. Jahrhunderts.[15]

Parallel dazu hatten Politikwissenschaftler[16] und Frühneuzeithistoriker[17] begonnen, wie selbstverständlich vom »Nationalismus« auch für die Zeit um 1500 und von einer »Nationalisierung Europas«[18] zu sprechen. Sie hatten gezeigt, wie umfangreich, ausgearbeitet und bedeutend das politische und kulturelle Konzept der *natio* in der europäischen gelehrten und politischen Welt zwischen Mittelalter und Früher Neuzeit gewesen war – was auch immer damit gemeint war.

2019 hat dann Reinhard Stauber[19] in seinem Lexikonartikel zum Stichwort *Nation/Nationalismus* über den methodologischen Stand der Forschung berichtet und einen neuen Überblick über die Geschichte von ›Nation‹ und ›Nationalismus‹ zu geben unternommen, – der allerdings für die nun interessant gewordenen Epochen, Mittelalter und Frühe Neuzeit, wenig erhellend ausgefallen ist. Es kann nicht gutgehen, wenn das ältere, essentialistische Konzept der Mittelalterforschung aus den 1980er-Jahren (›Nationenbildung‹ und ›nationales Bewusstsein‹ seit dem 9./10. Jahrhundert) in das neuere, konstruktivistische Konzept der Frühe-Neuzeit-Forschung (›Nationen‹ seit dem 15. Jahrhundert) integriert werden soll.

12 Gellner 1991, S. 87.
13 Stauber 2019, S. 1 u.ö.
14 Wehler 2001, S. 37 u.ö.
15 Planert 2004.
16 Münkler 1989.
17 U.a. Hirschi 2005; Zinsmaier 2007; Helmrath 2013.
18 Münkler 1994.
19 Stauber 2019

Im Gegensatz dazu gehe ich in der hier folgenden Darstellung von Gellners Diktum aus, dass der Nationalismus der Nationenbildung vorausgeht, und behaupte einerseits, dass der europäische Nationalismus um 1450 entstanden ist – und in diesem Rahmen der deutsche um 1500 – und dass es andererseits aus methodischen wie inhaltlichen Gründen wenig Sinn macht, die Begriffe ›Nation‹ und ›national‹ auf zeitlich davor liegende Epochen auszudehnen. Es ist meine These, dass es sich bei dem frühen deutschen Nationalismus um das Grundkonzept des ›modernen‹, klassischen Nationalismus überhaupt handelt und nicht um dessen Vorstufe.

*

Der Begriff von ›Nationalismus‹, der dieser These zugrunde liegt, ist von Andreas Fahrmeir 2017 im ersten Satz seines Buches *Die Deutschen und ihre Nation* (der jüngsten zusammenfassenden Darstellung auf dem derzeitigen Forschungsstand) so formuliert worden:

> Nationalismus gründet auf zwei Annahmen: dass die Menschheit in Nationen gegliedert ist und dass die Zugehörigkeit zu einer Nation im Leben eines jeden Menschen einen zentralen Platz einnimmt.[20]

Fahrmeirs Definition enthält drei Aussagen, die inzwischen zum Standard der Nationalismusforschung geworden sind. Zuvörderst: Von Nationalismus kann nicht schon dann gesprochen werden, wenn einzelne gesellschaftliche Gruppen den Namen ›Nation‹ für sich in Anspruch nehmen, sondern erst dann, wenn er zum allgemeinen Ordnungsprinzip einer ›Welt von Nationen‹ geworden ist.[21] Sodann: Im Nationalismus geht es um die Reklamation oder Zuweisung eines besonderen Wertes für die eigene Nation. Das bedeutet, dass es, drittens, beim Nationalismus immer auch um Prozesse kollektiver und individueller Identitätsbildungen geht (weshalb die politische Historiographie ihren Anspruch auf Alleinzuständigkeit für ihn verloren hat).

Ich werde zu zeigen versuchen, inwiefern alle drei Bestimmungen, die Fahrmeir hier für den uns vertrauten ›modernen‹ oder ›klassischen‹ Nationalismus postuliert, auch auf den deutschen Frühna-

20 Fahrmeir 2017, S. 1.
21 Kedourie 1960, S. 7.

tionalismus um 1500 zutreffen; weiterhin, dass Kernbegriffe und Strukturen des klassischen Nationalismus bereits damals, zu Beginn der Neuzeit, entwickelt wurden, dass die analytischen Methoden und Erklärungsmodelle, mit denen die Sozialwissenschaften heute den klassischen Nationalismus zu verstehen suchen, auch für die Zeit um 1500 greifen; und schließlich, dass es damals um nichts Geringeres ging als um die Entstehung einer säkularen nationalen Kultur, um die Erzählung von der Nation als einem handlungsfähigen politischen Subjekt und um frühe, bis in unsere Gegenwart reichende Konzepte individueller Subjektkonstitution und ihrer Binnenproblematik.

*

Die sozial- und kulturwissenschaftlichen Versuche der vergangenen Jahrzehnte, das Phänomen des Nationalismus zu verstehen, gehen nicht nur davon aus, dass es sich bei Nationen um ›gedachte Ordnungen‹ handelt. Sie arbeiten auch mit der Annahme, dass nationalistische Gesellschaftskonzeptionen nicht aus sich selbst heraus entstehen, sondern dass sie Reaktionen von Individuen und Kollektiven auf gesellschaftliche Veränderungs-, ›Modernisierungs‹-Prozesse sind, die von den Beteiligten als Krise erfahren werden.

Diese analytischen Überlegungen sind nicht neu. Schon früh hatte der Historiker und Soziologe Eugen Lemberg in einer groß angelegten Studie den Nationalismus erklärt als eine Reaktion von Großgruppen auf gesellschaftliche Modernisierungsprozesse, in denen überkommene soziale und weltanschauliche Regularien aufgelöst und neue Bindungen zum Zusammenhalt der sozialen Ordnung nötig würden.[22] 1972 hatte ein Aufsatz des US-Historikers Robert M. Berdahl die gleiche These vertreten, der zufolge der Nationalismus zu verstehen sei als ein »reintegratives Moment« bei der »Auflösung traditioneller Bindungen« und als »Mittel zur Wahrung sozialer Kohäsion im Übergang von einer traditionellen zu einer modernen Gesellschaft«[23] (wenn ich es richtig sehe, hat die These erst mit Berdahls Text in der deutschen Geschichtswissenschaft Einzug gehalten). Seit den 1990er-Jahren ist dieses ›Modernisierungsparadigma‹ dann auch dort (und im anspruchsvollen Feuilleton) zur Selbstverständlichkeit geworden. Eine Vielzahl von historischen und soziologischen Einzelstudien

22 Lemberg 1964.
23 Berdahl 1978, S. 149.

zum 19. und 20. Jahrhundert und zum gegenwärtigen Rechtspopulismus hat es befestigt und weiter ausgebaut.

Ich werde hier anhand der genannten Prinzipien ›deutsche‹, also von Bewohnern des mittelalterlichen Deutschen Reichs geschriebene nationalistische Texte des 15. und 16. Jahrhunderts untersuchen (auf Latein geschriebene wie solche auf Deutsch). Wir bewegen uns damit in einer Epoche, für die es lange Zeit heftig umstritten war, ob sie noch zum späten Mittelalter oder bereits zur Frühen Neuzeit zu rechnen sei – ein Streit, der inzwischen seinen prinzipiellen Charakter verloren hat. Mediävisten beschreiben die Jahre zwischen 1450 und 1520 als eine Phase immer noch vorherrschender mittelalterlicher Strukturen und Vorstellungsweisen, Frühe-Neuzeit-Forscher untersuchen politische, soziale und weltanschauliche Prozesse, Aktivitäten von Einzelnen und Gruppen, die über das Mittelalter hinausweisen. Die letzte große Welle von Forschungen und öffentlichem Interesse an dieser Zeit, die Veröffentlichungen zum Reformationsjahr 2017, haben in ihrer Summe die Fruchtbarkeit beider Zugänge gezeigt und damit noch einmal die Widersprüchlichkeit dieser Epoche deutlich gemacht.

*

Seit Beginn der 1990er-Jahre war ich mir sicher, dass die Anfänge des deutschen Nationalismus im frühen 16. Jahrhundert zu suchen seien. Die dem deutschen Bildungsbürgertum vertrauten nationalistischen Texte aus dieser Zeit, vor allem die von Ulrich von Hutten, deuteten darauf hin, dass sie mehr sein könnten als einzelne Vorläufer des ›eigentlichen‹ Nationalismus späterer Jahrhunderte.[24] Dieser Spur bin ich weiter nachgegangen und werde in diesem Buch über die Geschichte des deutschen Frühnationalismus um 1500 berichten.

Auch diesmal habe ich neben den üblichen politischen und diplomatischen auch, und mit Gewicht, explizit literarische Texte herangezogen. Und dies nicht nur, weil das zu meinem Fach gehört, sondern weil ich mir sicher war, in ihnen Bestandteile eines weitreichenden Nationalisierungsprozesses um 1500 wahrzunehmen. Ich meine, dass die herkömmliche Unterscheidung von politisch relevanten und ästhetischen Texten inzwischen gerade bei dem Versuch, den Nationalismus zu verstehen, Erkenntnis eher verhindert als ermöglicht.

Unter diesen Texten sind einige mit erheblichem ästhetischen An-

24 Herrmann 1996.

spruch. Sie zu lesen, bereitet Genuss. Sie erfreuen den Literaturliebhaber und beschäftigen den Literaturwissenschaftler. Dem Historiker können sie ein einzigartiges Mittel sein zum Verständnis historischer Bewegungen, ihrer Herkunft, Funktionsweise und Wirkungskraft. Für den klassischen Nationalismus hat sich das schon früher an Gedichten aus den Befreiungskriegen und dem Ersten Weltkrieg und an Predigttexten aus dem Siebenjährigen Krieg bewährt.[25]

Literarische Schriften und künstlerische Werke, zumal solche von Rang, sind maßgeblich beteiligt an der Erstellung, Veränderung und Verbreitung gesellschaftlicher Deutungsmuster. Sie sind eingebettet in die Probleme ihrer Zeit. Sie enthalten Hinweise auf deren Gestalt und sie lassen sich lesen als exemplarische Versuche zu deren Bewältigung.

Das gilt auch für die hier behandelten Texte. Sie zeigen, wie der Nationalismus entstand, wie er funktionierte und welche komplexen historischen Kräfte dabei am Werke waren. Ihre Verbindung zum politischen Nationalismus war sehr eng, ohne dass sie mit ihm identisch gewesen wären. Um sie zu entziffern, braucht es historisches Wissen und hermeneutische Einlässlichkeit.

*

Dass es um 1500 einen relevanten nationalen Diskurs in Deutschland gegeben hat, ist keine neue Erkenntnis. Aber eine Arbeit, die ihn als Frühform des klassischen deutschen Nationalismus interpretiert und die seine Entwicklungen im jeweiligen historischen Kontext beschreibt, kenne ich nicht.

Der deutschen Geschichtsschreibung des 19. Jahrhunderts galten die frühen ›nationalen‹ Bekundungen als Beleg für den Mythos, dass es seit dem frühen Mittelalter eine durchgehende Geschichte eines eigenen ›deutschen Volkes‹ gegeben habe. In Abkehr von dieser Ideologisierung hatte die deutsche Geschichtsschreibung seit den 1970er-Jahren den Nationalismus generell auf seine Funktion als politische Ideologie des modernen Nationalstaates reduziert und seine frühen Formen zuerst als »Reichspatriotismus«,[26] dann als nur kulturelles Vorspiel des eigentlichen, das heißt klassischen Nationalismus verstanden.[27]

25 Jeismann 1992; Blitz 2000.
26 Stolleis 1991.
27 Wehler 2001; Planert 2002; Jansen/Borggräfe 2020.

Eine Vielzahl von Arbeiten aus der Renaissance-, Humanismus- und Frühe-Neuzeit-Forschung, die ihn in seiner Breite und Bedeutung ins Bild gerückt hatten, waren an seinem Verhältnis zum klassischen Nationalismus nicht oder eher selektiv interessiert. Aufbauend auf ihren konkreten Untersuchungen verstehe ich ihn als ›deutschen Frühnationalismus‹. Denn im Gegensatz zu Herfried Münklers vorsichtigem »Protonationalismus«[28] interpretiere ich ihn als den Beginn einer durchgehenden Geschichte nationalistischer Bestrebungen von der Mitte des 15. Jahrhunderts bis heute. Unter dieser Prämisse lässt sich zeigen, dass es bereits seit den 1450er-Jahren im Reich des römischen Kaisers den offiziellen Legitimations- und Propagandabegriff einer politisch handelnden deutschen ›Nation‹ gab und seit etwa 1500 das ausgearbeitete Wunschbild eines kulturell bedeutenden ›deutschen Vaterlandes‹. Um 1520 hatten dann protestantische Publizisten, auch aus dem unmittelbaren Umkreis von Luther, ihr Werben für die Reformation mit der Wunschphantasie von einer deutschen Nation verbunden, die gegen den italienischen Papst in den Krieg zieht. Der Nationalismus hatte damit kurzfristig Breitenwirkung auch über den Kreis der Lesefähigen hinaus erreicht, hatte in den Schriften Ulrichs von Hutten eine militant hasserfüllte Aggressivität entfaltet und einen kurzen historischen Augenblick lang ›welt‹-politische Wirkung gehabt. Langfristig wurde hier die enge Verbindung von Protestantismus und Nationalismus begründet, die die deutsche Geschichte bis ins 20. Jahrhundert bestimmen sollte.

*

Die nächste Entwicklungsstufe kam knapp 20 Jahre später. Zu Beginn des Schmalkaldischen Krieges (1546–1547) hatten protestantische Schriftsteller zahlreiche Flugschriften verfasst, um mit eingängig gehaltenen »Kriegsliedern« die Kampfmoral der protestantischen Truppen zu stärken. Es waren Texte, die ihre Leser zur gewaltsamen Verteidigung *teutscher nation* gegen Katholiken, Spanier und Franzosen (*Welsche*) aufputschen sollten – mit dem Erwecken von Hass auf die Gegner und mit einem Arsenal topischer Feindvernichtungsbilder, die von nun an zur Tradition des Nationalismus gehörten.

Diese Allianz von Nationalismus und politischer Macht (Anderson)[29] war neu. Und der politische Nationalismus, den es seit der Mitte des

28 Münkler 1989, S. 59; Dann 1989.
29 Anderson 1988, S. 15.

15. Jahrhunderts gab (dazu später), war auf die herrschenden Stände beschränkt. Die Kriegslieder des Schmalkaldischen Krieges aber richteten sich an die Untertanen, und zwar an alle, denn in der Maske der angesprochenen Soldaten war eine bürgerliche Leserschaft gemeint, die mit diesen Flugblättern angetrieben werden sollte, ihre protestantischen Fürsten im Krieg gegen den Kaiser mit Geld und Soldaten zu unterstützen.

Die Flugblattschreiber von 1546 hatten für diese Allianz auch einen passenden Merksatz erfunden. Die bekannte nationalistische Formel »Mit Gott für … und Vaterland« taucht meines Wissens im Schmalkaldischen Krieg zum ersten Mal auf. Von hier zieht sie sich über den Dreißigjährigen Krieg (*Mit Gott für christlich Kirch und Vaterland*) und Heinrich Opitz' Kriegslied *»An die Deutschen« (Für Gott und für das Vaterland)*, den Siebenjährigen Krieg (*Mit Gott für Friedrich und das Vaterland)* und die Befreiungskriege bis ins Wilhelminische Kaiserreich (*Mit Gott für Kaiser und Vaterland*).

Von Allianz kann dabei allerdings nur in einer eingeschränkten Bedeutung die Rede sein. Denn es waren keine gleichberechtigten Partner, die 1546 zusammengefunden hatten. Es war auf der einen Seite eine reale politische Kraft, eine machtvolle Koalition aus Fürsten und Städten, und es war auf der anderen Seite ein imaginäres Deutungsmuster, das der politischen Kraft den Nimbus einer Mitspielerin auf der großen Bühne der Nationen verlieh, weit über ihre reale Bedeutung hinaus. Dem Krieg des Schmalkaldischen Bundes für seine Machtposition innerhalb Deutschlands und für die Erhaltung seiner Religion gab seine nationalistische Deutung einen unanfechtbaren höheren Sinn und, so die Hoffnung, eine größere Mobilisierungsfähigkeit. Und dem ursprünglich rein kulturellen Nationalismus der Humanisten verschaffte dieser Kampf ein bis dahin unbekanntes politisches Gewicht.

Ulrich von Hutten hatte für seinen Nationalismus um 1520 vergeblich nach einer realen politischen Kraft gesucht, die ihn bei seinem Kampf zur Verteidigung des Vaterlandes gegen den Papst unterstützen sollte. Das war jetzt anders und verlieh dem Nationalismus den Ruf, eine selbstständige politische Macht zu sein, und verführte später Historiker dazu, den Nationalismus zu behandeln, als sei er eine der vertrauten ausformulierten Weltanschauungen »wie Liberalismus oder Faschismus«.[30]

*

30 Anderson 1988, S. 15.

Im Laufe seiner weiteren, über 400-jährigen Geschichte hat das Deutungsmuster der Nation sehr unterschiedliche Ausprägungen erfahren. Sie beruhten auf den veränderten historischen Prämissen in den einzelnen Epochen und wurden angestoßen durch die je unterschiedlichen politischen, sozialen und/oder weltanschaulichen Veränderungen, die von den betroffenen Gruppen als Bedrohung erfahren wurden und auf die sie mit der Reaktivierung des Nationalismus in je unterschiedlichen Formen reagierten.

Dabei konnte mit der Vision vom eigenen deutschen ›Vaterland‹ sehr Verschiedenes gemeint sein. Der Nationalismus hat keine feste Gestalt. Schon seine mehr politische oder mehr kulturelle Ausrichtung und seine integrativen (›patriotischen‹) und exkludierenden Momente begegnen in den verschiedensten Mischungen und können leicht von der einen in die andere Akzentuierung umschlagen. Seine Vertreter haben ihn zu sehr unterschiedlichen Zwecken verwendet – beschränkenden und umfassenden. Aber noch im einfachen Flugblattlied, das Landsknechte 1546/47 zum Kampf für Deutschland aufputschen sollte, wurde das gleiche emotionsbesetzte Deutungsmuster aufgerufen wie beim großen nationalistischen Appell der Befreiungskriege und in den fanatischen Texten des Nationalsozialismus. Stets bedeutete es die Einteilung der europäischen Welt in konkurrierende Nationen und die Setzung der eigenen Nation als einen identifikationsstiftenden Wert.

Zugleich existierte dieser proteushafte Nationalismus in den verschiedenen Epochen in unterschiedlicher Nähe zu den jeweiligen staatlichen, religiösen und sozialen Mächten, auf die er sich stützte und die ihn ihrerseits für ihre Zwecke benutzten. In seinen verschiedenen Formen ging er seine ›Allianzen‹ ein – mit den protestantischen Landesherren im 16., mit den Reichsständen im 17. oder mit der bürgerlichen Emanzipationsbewegung im 18. Jahrhundert. Bis er im 19. dann für lange Zeit mit dem modernen Staat verschmolz und dessen ideologischer Antriebsmotor wurde – und dieser wiederum sein stärkster Propagandist.

*

Aber ich schreibe hier keine Geschichte des deutschen Nationalismus, sondern berichte von seinem Anfang. Und dies in drei Schritten, die den damaligen historischen Stufen der Entwicklung folgen:

1. seine Vorgeschichte seit dem frühen Mittelalter und die Entstehung des eigenständigen Begriffs der ›Nation‹ in seiner ›modernen‹ Bedeutung seit dem 13. Jahrhundert,
2. die Entwicklung des deutschen Frühnationalismus zwischen 1450 und 1520 (verkürzt: ›um 1500‹), und zwar
   a) in seiner vorwiegend politischen,
   b) in seiner vorwiegend kulturellen Form, als spezifisches Projekt ›deutscher‹ Humanisten,
3. die Militarisierung des ›kulturellen‹ Nationalismus im Zusammenhang mit Luthers Reformation durch Ulrich von Hutten.

*

Ich verstehe dabei ›Entwicklung‹ als ein von vielen, auch unbekannten Faktoren und von Zufällen abhängiges Geschehen, das immer erst im Nachhinein von uns als in sich halbwegs konsistenter historischer Ablauf konstruiert wird.

Ich werde die historischen, diskursiven und nichtdiskursiven Voraussetzungen der verschiedenen Positionen nicht vorweg in Form von Panoramen beschreiben, sondern sie dort behandeln, wo ihr Einfluss jeweils direkt oder indirekt in ›meinen‹ literarischen Quellen zu erkennen ist.

Und ich werde vor allem den deutschen Nationalismus beschreiben. Das ist prekär und nicht ohne schmerzhafte Verluste an Kontextbestimmungen möglich. Denn der im 15. Jahrhundert entstehende Nationalismus der deutschen Humanisten war in vielfältiger Weise abhängig von dem bereits lange vorher bestehenden Nationalismus ihrer italienischen Kollegen, und er stand in Beziehung zu den gleichzeitig sich herausbildenden Nationalismen der Spanier, Franzosen und Engländer. Diese vielfältigen Verbindungen nicht systematisch einzubeziehen, sondern nur gelegentlich auf sie Bezug zu nehmen, muss zu einseitigen Schwerpunktsetzungen führen.

Aber ich gehe davon aus, dass zwar der erste, entscheidende Schritt zu dieser Entwicklung europaweit, im gesamten Kaiserreich, gegangen wurde, dass dann aber die einzelnen Länder mehr oder weniger unterschiedliche Wege eingeschlagen haben und dass es deshalb nützlich sein könnte, die weitere Entwicklung exemplarisch und möglichst genau am Beispiel eines einzelnen, nämlich des deutschen Nationalismus zu beschreiben. Ihr darüber hinaus auch in den anderen Ländern nachzugehen, hätte für mich ebenso intensive Interpretationen von Originaltexten verlangt, zu denen mir die Kompetenzen und die Lebenszeit fehlten. So sollte es, denke ich, zu rechtfertigen sein, dass ich mich auf die komplizierte Entwicklung und Gestalt des deutschen Nationalismus beschränkt habe und mich dabei in der Hoffnung wiege, auf diese Weise einige Zusammenhänge aufzuzeigen, die ich auf andere Weise kaum hätte sichtbar machen können.

Vorgeschichten

Der deutsche Frühnationalismus war ›um 1500‹ nicht plötzlich da. Er hatte eine lange Vorgeschichte, und er hat sich, wie gesagt, in drei Stufen entwickelt, die sich deutlich voneinander unterschieden, aber zeitlich wie inhaltlich aufeinander aufbauten. Ich werde dieser Entwicklungsgeschichte folgen, um zu erklären, worum es sich überhaupt handelt, wenn von Nationalismus in der Übergangsepoche zwischen Mittelalter und Früher Neuzeit die Rede ist, und um zu zeigen, dass es Sinn hat, Texte, auch literarische Texte dieser Zeit, danach zu befragen, wann, wie und in welchem Zusammenhang damals behauptet wurde, dass die Welt in Nationen eingeteilt und die Zugehörigkeit zu einer Nation von besonderem Wert für ihre Mitglieder sei. Weitergehende Fragen nach dem Funktionieren der nationalistischen Texte zu stellen, ist dann Sache der folgenden Kapitel.

Davor steht das hier beginnende Kapitel, das über die begriffliche Vorgeschichte des Frühnationalismus informiert. Es wird die merkwürdigen Wege beschreiben, auf denen Angehörige germanischer Stämme dazu kamen, sich als ›Deutsche‹ zu benennen, und die nicht weniger langen Wege, auf denen das antike Wort *natio* zur heutigen Bedeutung von Nation führte. Es soll meine These vom Beginn des deutschen Nationalismus um 1500 abgrenzen gegen Bemühungen, seinen Anfang sehr viel weiter zurückzuverlegen. Und auch weiterhin werde ich dabei begriffs-, kultur- und realgeschichtliche Veränderungen als gemeinsame Prozesse beschreiben.[1]

Seit wann und in welchem Sinn bezeichneten Menschen im Mittelalter sich oder andere als ›deutsch‹?

Das Feld, auf dem ich mich mit dieser Frage bewege, war lange Zeit weltanschaulich hoch besetzt und ist deshalb von der deutschen Mediävistik seit ihren Anfängen um 1800 immer wieder von Neuem umgepflügt worden. Die Bedeutungsgeschichte der Worte ›deutsch‹ und ›die Deutschen‹ war im 19. und 20. Jahrhundert eine

1 Koselleck 1989.

Fundgrube für national gesinnte Wissenschaftler und Schriftsteller, die darin nach den vermeintlichen Wurzeln des deutschen Volkes suchten. Sie hofften, in der Sprachgeschichte die bis ins frühe Mittelalter zurückreichende Entwicklung eines deutschen ›Nationalbewusstseins‹ nachverfolgen zu können, und glaubten, damit gleichsam dem Erwachen des ›deutschen Volkes‹ zu sich selbst in den Tiefen der Vergangenheit beizuwohnen. Und weite Kreise des deutschen Bürgertums und seiner akademischen Elite sind ihnen dabei gefolgt. Die hohe gesellschaftliche Stellung des Universitätsfachs ›Deutsche Philologie‹ im 19. Jahrhundert verdankte sich zu einem guten Teil diesen völkisch-nationalistischen Erwartungen im deutschen Bildungsbürgertum. Das mythische Raunen endete nicht mit dem Untergang des nationalsozialistischen Deutschen Reichs und der ihm dienstbaren Germanistik. Noch in den 1950er-Jahren gehörte eine sprachgeschichtliche Arbeit mit dem doppeldeutigen Titel »Der Sinn des Wortes deutsch« zur Pflichtlektüre meines Germanistikstudiums.[2] Und es gibt Anzeichen dafür, dass im Zuge der gegenwärtigen nationalen Welle auch deutschtümelnde Geschichtslegenden wieder Konjunktur bekommen könnten.

Umso wichtiger scheint es mir, jenseits von Sinnfragen zu untersuchen, was dieses Wort im Mittelalter eigentlich für einen Inhalt gehabt hat. Und auch abgesehen von diesem geschichtspolitischen Aspekt: Wo ein heute bedeutungstragender Begriff herkommt, ist auch für sich genommen eine lohnende Frage. Deshalb will ich auf den folgenden Seiten darüber berichten, was eine Geschichte des Wortes ›deutsch‹ beiträgt zum Verständnis des Deutungsmusters einer ›deutschen‹ Nation – und was nicht. Ganz kurz wird es dabei nicht abgehen.

*

In den 1960er-Jahren hat eine Generation jüngerer Mittelalterforscher die völkische Sinnsuche ihrer Vorgänger zum Anlass genommen, um die nationalistischen Traditionen ihres Faches kritisch zu befragen. Seit den späten 1970er-Jahren haben sie auch das einschlägige linguistische Material zur Geschichte der nationalen Selbstbezeichnung der Deutschen einer gründlichen Neubesichtigung unterzogen, in mehreren, inzwischen abgeebbten Wellen, mit z.T. voluminösen Sammelbänden und im Zusammenspiel von Sprach-, Literatur- und

2 Weisgerber 1949.

Geschichtswissenschaften (einige dieser Titel im Gang der folgenden Darstellung). Dabei löste sich die seit der Romantik gepflegte Fiktion eines ›Deutschen Volkes‹, dessen ›Wesen‹ sich in der Entwicklung seiner sprachlichen Selbstbezeichnungen niedergeschlagen habe, sehr bald auf. Denn was wir in den überlieferten schriftlichen Dokumenten vom 10. bis zum 14. Jahrhundert lesen können, ist die Sprache einer schriftkundigen, lateinisch gebildeten Elite. Es sind Vorstellungen, die in Klöstern und in höfischen Kanzleien niedergeschrieben wurden, und nicht solche von Bauern auf dem Land, von Handwerkern in den Städten oder von Adeligen auf ihren Burgen. In einer Reihe von späten Belegen finden wir in gewissem Umfang Vorstellungen, die sich die gelehrten Schreiber von einem deutschen Volk gemacht haben, aber ganz sicher keine Vorstellungen des deutschen Volkes.

Allerdings hat sich die Konsequenz aus solchen Einsichten, nämlich der Vorschlag, auf den Volksbegriff zur Erklärung sozialer Wirklichkeit im Mittelalter ganz zu verzichten,[3] inzwischen nur teilweise durchgesetzt. Damit bleiben Risiken, wie sie z.B. die viel gelesene, anschauungsgesättigte Darstellung frühmittelalterlicher Wirklichkeit von Johannes Fried, *Die Anfänge der Deutschen*, gezeigt hat.[4] Fried arbeitet da mit der Vorstellung, dass es schon vor den ersten schriftlichen Belegen im 10. Jahrhundert Ansätze zu einem »Volk« »der Deutschen« gegeben habe.[5] Er schreibt wie selbstverständlich von den »werdenden Deutschen«, von der »Sprache der künftigen Deutschen« und deren »Bedürfnis nach einem zusammenfassenden Namen«. Er insinuiert damit, wie schon im Buchtitel, dass es ein Kollektiv, »die Deutschen«, im heutigen Sinn des Wortes, also mit der Idee einer eigenen werthaltigen Zusammengehörigkeit, bereits im frühen Mittelalter gegeben habe. Zugleich betont er allerdings entschieden, dass er nicht die Vorstellung erwecken wolle, dass die spätere Entwicklung der ›Deutschen‹ zu einem Volk bereits im Mittelalter angelegt gewesen sei. Und er zeigt auch konkret, wie divergent und wie anders als unsere heutige Welt die Wirklichkeit und die Selbstdeutung der Menschen und der sozialen Gruppen damals waren. Solch Widersprüchlichkeit zeigt, wie notwendig eine konsequente Historisierung und eine eindeutige, reflektierte Begrifflichkeit sind, wenn nicht der Eindruck entstehen soll, der Verfasser glaube insgeheim an eine geschichtsübergreifende Kontinuität des deutschen

3 Ehlers 1989.
4 Fried 2015.
5 Ebd.

Volkes und wolle dies hinter seinem eigenen Rücken in seinem Text übermitteln – und damit der Spekulation über historische Wesenheiten Tür und Tor öffnen.

Ich verfolge hier ein anderes Erkenntnisinteresse und frage nicht danach, wann sich im Mittelalter ein ›Gemeinschaftsbewusstsein‹ gebildet hat, das wir heute vielleicht ›deutsch‹ nennen können, sondern danach, was die Wörter ›deutsch‹ und ›Deutsche‹ im Mittelalter jeweils wann genau bedeutet haben und ob es überhaupt Verbindungen gibt von ihnen zu modernen Bedeutungen dieser Wörter. Dazu berichte ich über die Ergebnisse der einschlägigen Untersuchungen, was nicht ganz ohne philologische Detailarbeit abgehen wird.

*

Durchgesetzt hat sich inzwischen eine Erkenntnis, von der auch Fried ausgegangen ist, dass nämlich die vorrangigen Träger größerer kollektiver Identitätszuschreibungen im Mittelalter die gentil verfassten Stämme waren. Ein mittelalterlicher Adliger oder Ritter, und später auch ein Stadtbürger, verstand sich bereits im frühen Mittelalter als Franke, Alemanne oder Baier, Sachse, Thüringer oder Hesse, und das konnte auch im 16. Jahrhundert für einen Gelehrten gelten, wie etwa am Beispiel des späteren Heinrich Bebel (*1472) gezeigt worden ist.[6] Die Entstehung dieses stammesgebundenen Zugehörigkeitswissens, die ›Ethnogenese‹, wird heute als Ergebnis langer historischer Prozesse in der Völkerwanderungszeit beschrieben. Wobei auch der Stammesbegriff inzwischen wegen seiner Nähe zur Biologie als ›naturalistisch‹ in die Kritik geraten ist, aber mangels Alternativen beibehalten werden sollte[7] – immer vorausgesetzt, dass auch diese Prozesse nicht naturwüchsig abliefen, sondern über Generationen hinweg vom politischen Herrschaftswillen bestimmter Adelsgruppen in ihrem Interesse vorangetrieben wurden.

Das stammesübergreifende Konzept eines deutschen »Nationsbewusstseins«[8] hingegen habe sich – nach herrschender Meinung – erst spät, zusätzlich zum Stammesbewusstsein und nur allmählich herausgebildet. Wie genau, darüber ist die Aufarbeitung trotz aller Bemühungen immer noch nicht am Ende. Aber einiges lässt sich immerhin, als inzwischen erreichter Standard mediävisti-

6 Mertens 1983; Zinsmaier 2007.
7 Goetz 2004.
8 Ehlers 1992.

scher Forschungen, zur Vorgeschichte des deutschen Nationalismus sagen.

*

Die Benennung ›deutsch‹ (*diutisk*) für eine bestimmte Gruppe von Menschen taucht zum ersten Mal um die Jahrtausendwende bei dem Gelehrten und Dichter Notker von St. Gallen auf. Ihre Vorgeschichte reicht bis ins 8. Jahrhundert zurück; das Wort bezeichnete (nicht näher bestimmte) Leute, die ›deutsch‹ sprechen (und nicht lateinisch). Als Unterscheidung anhand der Sprache finden wir es seither vielfach, wobei die Abgrenzung gegen das Latein zeigt, wie eng der Geltungsrahmen dieser Merkmalszuweisung ist: Es sind lateinisch ausgebildete Kleriker, die die Benennung im Zuge ihrer Übersetzungsarbeit verwendet haben. In ähnlich eingeschränkter Bedeutung erscheint das Wort dann in entsprechenden Situationen als Abgrenzung gegen italienisch oder französisch sprechende Leute.

In einem Schriftstück gegen Ende des 11. Jahrhunderts, dem volkssprachlichen Annolied (wohl um 1080/85), findet sich zum ersten Mal eine Fremdbezeichnung für ein ›nationales‹ Kollektiv: *diutische liuti, diutschi man*. Auch hier haben die Bezeichnungen eine sehr spezielle, eingeschränkte Bedeutung. Mit ihnen werden in der welthistorischen Geschichtskonstruktion des Liedes als ›Deutsche‹ die germanischen Vorfahren derjenigen Adelsgruppen um den Erzbischof Anno II. von Köln (gest. 1075) benannt, die den von den Reichsfürsten gewählten römisch-deutschen König Heinrich III. (1039–1056) in seinem Kampf um das Kaisertum unterstützten. Der Chronikschreiber wollte dem imperialen Anspruch und dem wachsenden Selbstbewusstsein dieser Führungsschicht eine historische Legitimation verschaffen und formte die antiken Berichte von Cäsar und den Germanen um zu einer eigenen, ›nationalen‹ Erzählung über ›die Deutschen‹. Die kriegstüchtigen und vertragstreuen Anführer germanischer Stämme und ihr Gefolge (und nicht die Mitglieder eines ›deutschen‹ Volks) hätten Cäsar im Kampf gegen die ›Römer‹ dabei geholfen, sich in Rom zum Imperator zu krönen und das Kaiserreich zu gründen, das nun bis in die (mittelalterliche) Gegenwart reichte.[9]

Die gleiche Zuschreibung findet sich auch in lateinischer Sprache. Zwischen 1090 und 1100 unterstellte der Kleriker Norbert Abt von Iburg in seiner *Vita Bennonis II. Episcopi Osnabrugensis* Karl dem

9 Thomas 1991.

Großen die Absicht, mit seiner Unterwerfung der Sachsen unter fränkische Oberherrschaft ein einheitliches deutsches Volk, *universa gens Teutonica*, im Sinn gehabt zu haben.[10] Neben die herkömmlichen Identitätsbestimmungen Franken, Sachsen, Schwaben, Bayern, die noch lange fortleben sollten, trat also um 1100 ein übergreifender Begriff für eine kollektive Gesamtheit der ›Deutschen‹ in militärischen und politischen Auseinandersetzungen und unter der Perspektive königlicher Herrschaft.

Das Substantiv *Diutsche* erscheint dann erstmals in der Kaiserchronik um 1150, setzte sich aber erst in Schriften des 13. Jahrhunderts allgemein durch, wobei auch hier die sprachliche Komponente der Benennung ein großes Gewicht hatte, aber allmählich auch ethnische und kulturelle Aspekte mitgemeint waren.

*

Es dauerte auch, bis sich auf Deutsch ein Äquivalent zum lateinischen *germania* gebildet hatte, also eine Vorstellung von einem geographischen Gebilde ›Deutschland‹. Mittelalterlichen Gelehrten war der lateinische Begriff und seine Verwendung in antiken Quellen natürlich geläufig (wie der der *germani* auch), aber erst seit dem Ende des 11. Jahrhunderts findet sich dafür die Formel ›in deutschen Landen‹ (*in Diutischemi lande*), seit dem Anfang des 13. auch die abstraktere Form, ohne Präposition, *tiusche lant*, teils als Plural, teils als Singular. 1341 taucht in den Quellen zum ersten Mal ›Deutschland‹ (*tutschland* – als Metonymie für *römisch riche*) auf, das aber erst im 16. Jahrhundert für das Herrschaftsgebiet des römisch-deutschen Königs üblich wurde.

Bis dahin wurde das mentale Konzept für dieses Gebiet vor allem durch ›deutsche Zunge‹ vertreten. *Sô wê dir, tiuschi zunge / wie stêt din ordenunge*, hieß es noch 1198 bei Walther von der Vogelweide im zweiten Spruch des berühmten Reichston-Liedes (»O Weh, Deutschland, wie schlimm ist es um deine Ordnung bestellt«). Erst von der Mitte des 15. Jahrhunderts an setzte sich langsam die Bezeichnung ›deutsche Nation‹ durch – darüber später mehr.

Die Entstehung des gemeinsprachlichen Begriffs für etwas, was der Antike längst geläufig war, kann nicht verwundern. Sie geschah nicht von innen heraus, als Entfaltung eines bereits angelegten Volkskerns, sondern anhand äußerer Anlässe, zur Markierung von Unterschie-

10 Fried 2015, S. 25.

den bei Begegnungen mit Menschen, die anders sprachen, und zur Kennzeichnung eigener Herrschaftsansprüche in politischen Auseinandersetzungen. Sie spiegelt die Entwicklung, in der sich seit dem 11. Jahrhundert der mittelalterliche Personenverbandsstaat zum modernen Flächenstaat mit seinen sachlich-rechtlichen Beziehungen befunden hat. Die sprachliche Abfolge von *tiutschi zunge* zu *tiusche lant* und weiter zu *tutschland* zeigt drei Etappen dieses Prozesses.

Für die Sprachentwicklung bedeutete das eine Zunahme des Wortes ›deutsch‹ an abstraktem Gehalt, gleichsam einen Lernprozess des Deutschen in abstraktem Sprechen, und dieser Prozess war mühsam. Nur langsam haben sich die Vorstellungen von ›den Deutschen‹ und ›Deutschland‹ von ihrer Bindung an die Konkreta ›Sprache‹ (*zunge*) und Stammes- oder ›Herrschaftsgebiete‹ (*lant*, Plural) gelöst.

Walthers eben zitierte Zeilen können das anschaulich machen. Und sie können zeigen, was die an Konkreta gebundene Sprache zu leisten imstande war. Walthers Text handelt von einem sehr komplexen Sachverhalt, von seiner Meinung nämlich, dass 1198 durch das Doppelkönigtum zwischen Philipp von Schwaben und Otto IV. die politisch-moralische Ordnung im deutschen Teil des Reiches aus den Fugen geraten sei. Aber in seinem Text blieb dieses abstrakte mentale Konzept durch das dem Autor zur Verfügung stehende Wortgebilde *tiusche zunge* an das körperliche Sprechwerkzeug fixiert, seinerseits eine Metonymie für die spezifische Sprache der hier lebenden Menschen (wobei tatsächlich nicht die Sprache der Bewohner, sondern die der jeweiligen Herren definierte, wer oder was jeweils zu ›Deutschland‹ gehörte oder zum Beispiel zu Italien). Der Abstand von solch handgreiflichem Symboldenken zu dem abstrakt-allgemeinen *tutschland* von 1341 und später ist groß.

Das Beispiel zeigt auch: Was wir in den Texten sehen, sind Versuche, angemessene Wörter zu finden für sich verändernde politische und soziale Gegebenheiten. Gefunden wurden sie von Schriftgelehrten, entstanden sind sie im Umfeld der Herrscherhäuser, und in ihrer Geltung waren sie auf den Hochadel und den Umkreis seiner Höfe beschränkt. Wo sie auf deren Leute ausgedehnt wurden, blieb deren Bezeichnung als ›Deutsche‹ ein sekundäres Merkmal, gebunden an ihre ständischen Abhängigkeiten. Wie weit sie von ihnen übernommen wurden, wissen wir nicht, denn sie haben keine Schriften hinterlassen.

*

Angesichts solcher Belege hat die neuere Mittelalterforschung herausgestellt, dass diese ›nationalen‹ Identitätszuschreibungen stark sprachlich orientiert, auf bestimmte soziale Gruppen begrenzt und politisch und heilsgeschichtlich begründet waren. Die Rede von ›den Deutschen‹ war gebunden an die politischen Institutionen und Ordnungen des Römischen Kaiserreichs in seiner christlich-weltgeschichtlichen Bedeutung. In dieser Form diente sie dazu, die Legitimität einer schmalen Gruppe innerhalb des Hochadels (später auch der Städte) zu festigen und sie gegen Ansprüche des Kaisers und nicht-deutscher Regionalfürsten einerseits, des Papstes und der Kirche andererseits abzusichern. Bekanntestes Beispiel für die Benennung ist die der ›deutschen‹ Mitglieder der Reichstage im Unterschied zu denen aus Italien oder Ungarn.

Zunehmend waren dabei Abgrenzungen gegen *walche* (›welsche‹ Italiener), Franzosen und andere Herrscher in Situationen politischer und kriegerischer Auseinandersetzung ins Spiel gekommen. Aber anders als z.B. in Frankreich mit seiner anderen politischen und sozialen Geschichte haben die adligen Führungsschichten des Königreichs bis ins 15. Jahrhundert kein eigenes, vom Imperiumsbezug unabhängiges nationales Identitätsbewusstsein ausgebildet: »[...] ein affektiv besetztes Deutschland gab es nicht. Wie zärtlich dachte hingegen ein Franzose im frühen 12. Jahrhundert an sein Land, das süße Frankreich, *la douce France*.«[11]

*

Neben den unmittelbar politischen Schriftdokumenten gibt es noch einen zweiten Quellenbereich, der für die Frage nach der Entstehung eines nationalen deutschen ›Identitätsbewusstseins‹ Bedeutung haben könnte: die deutschsprachige Hochliteratur der Stauferzeit. Gerade deren Existenz, also die Tatsache, dass sie deutschsprachig war, hat für das nationale Selbstverständnis des deutschen Bildungsbürgertums seit der Romantik und bis in die 1950er-Jahre hinein die bereits erwähnte geschichtspolitische, identitätsversichernde Rolle gespielt. Doch in ihrer eigenen Zeit hat diese literarische Blüte trotz ihrer Rede von einer eigenen literarischen Tradition in *tiutscher zungen* bei Gottfried von Straßburg (gest. um 1215) kaum zu einer weiteren Entwicklung und größeren Verbreitung nationaler Begrifflichkeit beigetragen.[12] Die Beobachtung ist festzuhalten, weil sie noch ein-

11 Fried 2015, S. 22.
12 Schnell 1989.

mal die Vorstellung widerlegt, ›die Deutschen‹ hätten sich bereits im Mittelalter anhand ihrer gemeinsamen Sprache und Literatur als zusammengehörig, als *eine* Nation gewusst. Für eine solche Erkenntnis war die Literatur der Stauferzeit zu sehr die Sache einer kleinen sozialen, kulturellen und sprachlichen Gruppe gewesen, in ihren Inhalten ohnehin eingebunden in die höfisch-mittelalterliche Welt mit ihrer Ständeordnung und ihren gentil-landsmannschaftlichen Zuschreibungen.

Auch Walthers von der Vogelweide berühmtes Lob deutscher Frauen, deutscher Männer und deutscher Zucht im sogenannten *Preislied* – oft bemerkt und gern deutschsinnig gedeutet – hat zu seiner Zeit (wohl um 1200) keine Geschichte gemacht.[13] Eine Beobachtung, die sich verallgemeinern lässt: Die Entwicklung nationaler Selbstbezeichnungen ›der Deutschen‹ hat sich offensichtlich in unterschiedlichen sozialen Gruppen, Textgattungen und Kontexten vollzogen, in denen es zwar vielfach Kenntnis voneinander gab, die aber in ihrer Unterschiedlichkeit kein Ganzes ausmachten und auch heute nicht als ein Ganzes verstanden werden sollten.

Dabei ist Walthers Gebrauch der Wortfamilie ›deutsch‹ tatsächlich etwas Besonderes gewesen, insofern er innovativer mit den Begriffen umging als seine dichtenden Zeitgenossen. Als einziger unter ihnen benutzte er (zweimal) das Substantiv ›die Deutschen‹. Er gebrauchte es in dem gleichen politischen Propagandazusammenhang wie der Schreiber der Kaiserchronik: als Bezeichnung für diejenigen Hochadligen, die aufseiten des Kaisers standen, mit den gleichen religiös-moralischen Implikationen wie dort. Aber anders als sein Vorgänger siedelte er die Zuschreibung in der Gegenwart an: Er bezog sie in dem einen Fall auf die Aufgabe des Kaisers, in seinen Heimatlanden den *Tiuschen* Frieden zu schaffen, ehe er zum Kreuzzug aufbricht (»*Ottenton*«)[14], und im anderen auf die ausbeuterische Opferpraxis des Papstes gegenüber *uns Tiuschen* (»*Unmutston*«):

Saget an, hêr Stoc, hât iuch der bâbest her gesendet,
daz ir in rîchet und uns Tiuschen ermet unde swendet?[15]

Auffallend ist hier das identifikatorische *uns*, mit dem Walther sich in das nationale Kollektiv einbezieht. Dafür findet sich lange Zeit kein

13 Thomas 2000.
14 Leicht zu erreichen: Wikipedia, »Ottenton«, 22.2.23.
15 Leicht zu erreichen: Wikipedia, »Unmutston«, 22.2.23

Pendant. Offenbar verdankte es sich dem singulären Selbstbewusstsein dieses Autors, der sich in seiner genrespezifischen, politisch-moralischen Wächterfunktion mit den Herrschenden gleichgestellt sah und für befugt hielt, in vorgestellter Gemeinschaft mit ihnen den Papst anzuprangern.

Innovativ – und ohne Nachfahren – waren auch Walthers Neubildungen *tiusche frouwen, tiusche zucht, tiusche man*. Sie stehen in dem schon erwähnten *Preislied* und geben mir Anlass, auf eine weitere, bisher noch nicht erwähnte Gruppe ›nationaler‹ Vokabeln hinzuweisen. Es gibt nämlich die Vermutung – gut begründbar, wenn auch umstritten –, dass Walther mit diesem Text auf das Lied eines provenzalischen Troubadours, Peire Vidal (ca. 1175–1210), geantwortet habe, in dem ›die Deutschen‹ als Barbaren (›ungebildet und grob‹) beschimpft worden waren, wogegen Walther die Tugenden (adliger) deutscher Frauen und Männer, deutsche höfische Bildung (*zucht*) und die Besonderheit deutscher Lande gelobt hätte. Damit befänden wir uns in dem weiten Feld interkultureller Dichterfehden und literarischer Topoi und zugleich in dem engeren Gebiet der bereits erwähnten ›Völkerstereotype‹, wo Autoren einer Sprachgemeinschaft Grenzerfahrungen mit anderen Sprachgemeinschaften und deren Sitten durch Zuschreibung bestimmter, meist abwertender Eigenschaften artikuliert und weitergegeben haben. Dafür hat sich seit der Antike im gelehrten Wissen ein bestimmter Bestand an meist xenophobischen, abwertenden Standardadjektiven herausgebildet, der durch die Jahrhunderte tradiert und ausgebaut worden ist, bis hin zu den auch uns vertrauten Formeln vom ›leichtfertigen‹ Franzosen oder Italiener, vom ›tölpelhaften‹ Deutschen etc.

Aus diesem traditionellen Fundus haben sich zum Beispiel in der Renaissance italienische Humanisten mit ihren Invektiven gegen ›die Franzosen‹ und ›die Deutschen‹ bedient (und ihn nach Kräften erweitert); der Elsässer Konrad Wimpfeling (1450–1528) hat in seinen Schriften zu Anfang des 16. Jahrhunderts dasselbe Reservoir gegen ›die Franzosen‹ verwendet wie französische Autoren gegen ›die Deutschen‹; im späteren 16. und im 17. Jahrhundert wurde der Fundus regelrecht katalogisiert. In den politischen und kulturellen Auseinandersetzungen des 17. und 18. Jahrhunderts wurde er von Autoren und Hofkanzleien erneut geplündert und ins kulturelle Gedächtnis eingegraben, im 19. und 20. munitionierte er den klassischen Nationalismus; bis heute bestimmt er vielfach das alltägliche Wissen ›der‹ Deutschen über ›die‹ Franzosen, Italiener, Engländer, Polen oder Russen – und umgekehrt.

Die Völkerstereotype sind vor etwa zwei Jahrzehnten in den Blick der Literatur- und Sozialwissenschaften gerückt (was dazu beigetragen hat, manche These früherer Nationalismusforschung niedriger zu hängen und genauer zu fassen).[16] Auch das Mittelalter kannte sie; Peire Vidal hatte sich aus diesem Topf bedient und den aus der Antike stammenden Barbarenvorwurf gegen »die [zum Hof gehörenden] Deutschen« und ihre die Ohren beleidigende Sprache hervorgekramt. Und Walthers Deutschenlob – ob der Autor nun spezifisch Vidal im Sinn gehabt hat oder nicht – wäre dann in diesem Zusammenhang zu verstehen als ein früher poetischer ›Anti-Barbaries‹-Text im interkulturellen höfischen Milieu. Deutsche Humanisten haben später Ähnliches geschrieben, jetzt allerdings mit grundsätzlichem Anspruch und bewusst zur Begründung einer in die Zukunft weisenden nationalen Literaturtradition. Walther hingegen ist erst Jahrhunderte später unhistorisch zum Kronzeugen angeblich ›deutscher‹ Nationaltugenden ernannt worden.

Resümee

Ich will das Resümee für dieses Kapitel mit einer terminologischen Abgrenzung einleiten. Angesichts der referierten neueren Forschungsergebnisse hat es sich in der deutschen Mediävistik eingebürgert, die beschriebenen mittelalterlichen sprach- und mentalitätsgeschichtlichen Entwicklungen unter dem Label »Entstehung eines deutschen Nationsbewusstseins« abzuhandeln.[17] Das soll die historisch belastete Formulierung von der ›Entstehung eines deutschen Nationalgefühls‹ oder ›Nationalbewusstseins‹ ersetzen, die bis in die 1970er-Jahre en vogue war. Derart, mich dem allgemeinen Gebrauch anpassend, habe ich den Begriff auch bisher gelegentlich verwendet. Ich halte jedoch auch den Terminus ›Nationsbewusstsein‹ nicht für gut. Indem er am späteren Begriff ›Nation‹ festhält (den die Verfasser selbst nicht kannten), verkürzt er die tatsächliche Entwicklung von Begriff und Sache um einen entscheidenden Schritt. Und indem er auch noch von ›Bewusstsein‹ spricht, insinuiert er, dass es sich dabei um das Sich-bewusst-Werden einer bereits vorhandenen, zusammengehörenden Bevölkerungsgruppe handelt.

Wir sollten besser beides vermeiden. Wir sollten die ›nationalen‹ Vokabeln des Mittelalters nicht vom späteren Handlungskonzept

16 Florack 2001 und 2007.
17 Z.B. Ehlers 1989; Goerlitz 2007.

›Nationalismus‹ her verstehen wollen, sondern sie auch terminologisch in ihrer Zeit belassen. Und wir sollten am konstruktiven Charakter kollektiver Identitätsbegriffe festhalten. Es scheint deshalb angemessener, von der Entstehung eines gelehrten ›Wissens‹ partieller Gemeinsamkeiten zu sprechen. Die Mediävistik der letzten Jahrzehnte hat mit großem Erkenntnisgewinn die Andersartigkeit, ja Fremdheit des Mittelalters ins Zentrum ihrer Interessen gerückt; ich denke, es ist ein gutes Prinzip, Begriffe, die diese Andersartigkeit zu verwischen drohen, nicht mehr zu benutzen.

Aber über diese terminologische Frage hinaus will ich festhalten, dass die ›nationalistischen‹ mittelalterlichen Begriffe ›deutsch‹, ›die Deutschen‹, ›deutsche Lande‹ etc. Benennungen waren und keine Wesensaussagen. Sie bezeichneten Gemeinsamkeiten, aber begründeten keine soziale Identität. Wir können sie verstehen als Bestandteile eines mit der Zeit sich anreichernden Sprach- und Wissensreservoirs innerhalb einer schmalen Schicht Schriftkundiger, wobei unterschiedliche herrschaftliche Sprecher und Sprechergruppen lernten, für unterschiedliche Situationen jeweils notwendig gewordene Abgrenzungen und Zuschreibungen bei der Benennung kollektiver Phänomene von Gruppenzugehörigkeiten zu benutzen – entlang zuerst sprachlicher, dann auch politischer und ethnisch-kultureller Grenzlinien. Es war ein situativ gebundenes ›Ordnungswissen‹. Mit ihm konnten bestimmten, bereits bekannten sozialen Gruppen in bestimmten Situationen jeweils bestimmte Unterschiede und Gemeinsamkeiten im Vergleich zu anderen Gruppen zugewiesen werden. Eine kontextunabhängige oder gar soziale Schichten übergreifende Gemeinschaftsdefinition können wir nicht daraus ableiten.

Ein ›Deutscher‹ zu sein, war ein in der Regel abgrenzendes, in bestimmten Fällen auch qualifizierendes Attribut, aber es definierte keine eigene soziale Gruppe mit selbstständigen Eigenschaften. Es handelte sich um sekundäre, den traditionell vorhandenen Rangstufungen untergeordnete Identifizierungen. Ein ›Deutscher‹ war immer ein deutscher Adliger oder Landsknecht, Kaufmann, Handwerker oder Studiosus – oder was auch immer. »Mir ist bislang noch keine Quelle bekannt geworden, in der sich während des Mittelalters irgend jemand als edler Deutscher bekannt hätte«, resümierte Heinz Thomas anlässlich eines deutschen Textes aus der Zeit um 1200 seine materialreiche Untersuchung.[18] Genau diese oder eine vergleichbare Selbstbenennung aber hätte verbreitet sein müssen, wenn der Begriff

18 Thomas 2000, S. 64.

›deutsch‹ das Sprachzeichen für eine kollektive Identität im oben beschriebenen Sinn gewesen wäre. Dem Begriff fehlte – bei aller zunehmenden Verbreitung und Vertiefung zwischen dem 10. und dem 15. Jahrhundert – gerade jene ›Wirhaftigkeit‹ und Eigenständigkeit des Nationalen, die die deutschen Humanisten dann um 1500 ausgearbeitet haben und die heute den Kern seiner Bedeutungen ausmachen.

Geschichte des mittelalterlichen Begriffs der ›natio‹

Ich habe bisher versucht, die Entstehung des ›deutschen Nationalismus‹ über das differenzierende Adjektiv ›deutsch‹ zurückzuverfolgen. Die gute alte Methode der ›historischen Begriffsgeschichte‹[19] hat gezeigt, dass sich mit der Eigenschaft ›deutsch‹ kein epochenübergreifender Inhalt verbinden und schon gar keine substantielle Beziehung zu der Entstehung des deutschen Nationalismus rekonstruieren lässt.

Ein anderes Bild zeichnet sich ab, wenn die Geschichte des substantivischen Namensanteils von ›deutscher Nationalismus‹ in den Blick kommt. Im klassischen Latein stand *natio* für den Geburtsort oder die ethnische Herkunft einer Person. Das daraus abgeleitete *nationes* bezeichnete Gruppen von Menschen mit gemeinsamer Herkunft, sei dies ein Stamm, eine Region oder eine Stadt. Bei den Schriftkundigen des Mittelalters vergrößerte sich der Umfang des Begriffs noch, *nationes* konnten auch nach religiösen, kulturellen oder politischen Gemeinsamkeiten benannt werden. Schon früh findet sich die synonyme Verwendung von *natio* und *gens* (›Stamm‹),[20] die sich als eine der Hauptbedeutungen das Mittelalter hindurch hält, wobei die ursprüngliche Abgrenzung zum naheliegenden Begriff der *patria* meist erhalten blieb: Diente *patria* eher der Selbstbeschreibung, so *natio* eher der Fremdbeschreibung, wobei das Possessivpronomen *nostra* der *patria* vorbehalten blieb[21] – eine Unterscheidung, die sich im Prinzip lange erhalten hat und bis in den heutigen Gebrauch von ›Vaterland‹ und ›Nation‹ spürbar ist.

Die neuzeitliche Einteilung der Welt in *nationes* hingegen war dem Mittelalter fremd. Wir finden sie zuerst in der Mitte des 15. Jahrhunderts, mit einer unerwartet folgenreichen Vorgeschichte, die im Hochmittelalter begann und deren Beschreibung in das soziale, poli-

19 Koselleck 1989.
20 Zientara 1997, S. 28.
21 Mertens 1977.

tische und diskurspolitische Spannungsgefüge des späten Mittelalters führt. Sie ist im Einzelnen sehr gut erforscht; ich habe hier versucht, erstmals ihren Gesamtverlauf zu rekonstruieren, soweit das bisher zugängliche Material dies zulässt.

Dabei lässt sich beobachten, wie im 13. Jahrhundert aus lokalen Anfängen ein historisch neuer globaler Ordnungsbegriff entstand, der die spätmittelalterliche Gesellschaft nicht mehr nach den historisch gewachsenen, an Personengruppen gebundenen Kategorien von Stamm und Stand gliederte, sondern sich für ihre Einteilung eines rational-geographischen Prinzips nach Herkunftsregionen, *nationes*, bediente.

Ich habe in der Einleitung das ›Modernisierungsparadigma‹ der Nationalismusforschung benannt, das besagt, dass Nationalismen dort entstehen, wo traditionelle soziale Bindungen ihre Kraft verlieren und dies von den Beteiligten als Bedrohung erfahren wird. Der Nationalismus wirke dann als »Mittel zur Wahrung sozialer Kohäsion«.[22] Wir werden sehen, dass dieser Mechanismus auch bei der Entstehung des deutschen Frühnationalismus um 1500 wirksam war, dass er aber bereits seit dem 13. Jahrhundert die Bedeutungsgeschichte des lateinischen *natio* bestimmt hatte.

*

An den Rändern der mittelalterlichen Gesellschaft hatte sich ab dem 12. Jahrhundert ein neues, disparates mobiles Milieu aus reisenden Kaufleuten, Studenten und Magistern, Baumeistern, sonstigen Handwerkern und ›fahrendem Volk‹ gebildet. Sie fielen in wachsender Zahl in Handelshäuser, Herbergen und Klöster ein und wurden dort seit dem 13. Jahrhundert, aus der Not zunehmender Belegung heraus, nach Herkunftsregionen, *nationes*, gruppiert, da die gängigen Stammes- und Standeszugehörigkeiten hier nicht griffen. Eine Herkunftsgegend hatte schließlich jeder von ihnen und mit einer für diesen Zweck hinreichenden Genauigkeit ließ sich diese Herkunft auch nach einem dort herrschenden Volksstamm oder einer dort gebräuchlichen Sprache benennen.

Im 13. und 14. Jahrhundert sahen sich die europäischen Universitäten der gleichen Situation gegenüber. Also haben sie ihre aus aller Herren Länder Europas herbeiströmenden adligen und nichtadligen Scholare und Magister ebenfalls nach *nationes* gegliedert, mit nach

22 Berdahl 1978.

heutigen Begriffen oft willkürlichen, kreativen Grenzziehungen zwischen ihnen. So gab es zum Beispiel an der Anfang des 13. Jahrhunderts entstandenen, viel besuchten Universität von Paris vier *nationes*, Gallier, Picarden, Normannen und Engländer, wobei die Universitätsmitglieder aus Italien und Spanien zu den Galliern gerechnet wurden oder die aus deutschen Landen zu den Engländern. Anders verhielt es sich an der Universität in Prag (gegründet 1348) mit den *nationes* der Böhmen, Bayern, Sachsen und Polen, wobei die bayerische Nation auch Studenten aus dem Rheinland oder Österreich umfasste, die sächsische u.a. Skandinavier und Studenten aus Merseburg oder Thüringen. Die Gliederung der Universitäten nach *nationes* hat sich im Prinzip die Jahrhunderte hindurch gehalten und ist noch in den heutigen studentischen Landsmannschaften zu erkennen.

Offenbar sehr bald bekam das universitäre Einteilungsschema gegenüber den *nationes* der Herbergen eine zusätzliche Funktion: Die einzelnen *nationes* wurden für die jungen Leute mit ihren langen Aufenthalten in der Fremde, was Wunder, zu identitätsstiftenden Zugehörigkeitsgemeinschaften. Diese nahmen mit der Zeit dann feste Formen an, versahen sich mit eigenen Riten und Traditionen und grenzten sich gegen andere *nationes* ab. Es kam zu ›nationalen‹ Konflikten zwischen den Gruppen, bis hin zu handgreiflichen Auseinandersetzungen zwischen ihnen; gelegentlich mussten die Universitätsleitungen einschreiten. Die ursprünglich rein technisch, nach räumlich-geographischen Gesichtspunkten gebildeten Gruppen waren von ihren Mitgliedern als eigener Lebensbereich, als akademische Identität angeeignet worden.

Das konnte prekär werden, wenn in die abgeschlossene Welt der Universitäten die Konflikte der Außenwelt hineinschlugen. So an der Karls-Universität in Prag, als dort 1408 kirchliche Auseinandersetzungen um die neue hussitische Reformbewegung und politische Kämpfe zwischen König Wenzel IV. von Böhmen und dem Deutschen Reich mit solcher Heftigkeit ausgetragen wurden, dass schließlich Magister und Scholaren der größten nichtböhmischen *natio,* der ›Deutschen‹, Prag verließen und in Leipzig den Grundstock für eine neu gegründete Universität bildeten.

Wirklich schwierig wurde es, als das gleiche Prinzip dazu dienen sollte, die immensen organisatorischen Probleme der großen Konzilien von Konstanz und Basel zu lösen, wobei es unversehens auf die weltpolitische Bühne geriet. Als in Konstanz (1414–1418) die Notwendigkeit entstand, die gewaltigen Mengen der aus ganz Europa angereisten kleinen und mächtigen und peripheren Bischöfe mit ihrem umfangreichen Gefolge in eine halbwegs überschaubare Ordnung zu bringen, griffen die Juristen im Gremium der Konzilsväter auf das ihnen aus ihrer Ausbildung vertraute Prinzip zurück und teilten die Mitglieder des Konzils wiederum in *nationes* ein – was nicht ohne Reibungen zwischen diesen geographisch-räumlichen Zuordnungen innerhalb des Konzils und den realen ordnungspolitischen Situationen ›draußen‹ ablief. Denn dort waren inzwischen große (und kleine) Territorialherrschaften mit ihren eigenen politischen Grenzziehungen entstanden, die bei den Verhandlungen des Konzils ihre eigenen Interessen und Machtansprüche über ihre Bischöfe geltend machten. Es kam zu heftigen Zuordnungskonflikten mit endlosen theoretischen Debatten und unbefriedigenden Kompromissen.

*

Die Einzelheiten des mit großem argumentativen Aufwand und definitorischem Scharfsinn geführten Streits sind hier nicht wichtig. Doch er hat grundsätzliche Bedeutung. In Konstanz wurde, ohne dass dies intendiert worden oder vorauszusehen gewesen wäre, erstmals der Versuch unternommen, mit dem traditionellen innerinstitutionellen Herkunftsbegriff der *natio* die politisch-soziale Ordnung der gesamten christlichen ›Welt‹ abzubilden – wozu dieser Begriff überhaupt nicht in der Lage war, solange er eigentlich ›nur‹ die Ordnung innerhalb einer einzelnen, wenn auch großen Institution herstellen sollte.

Das Bestreben, mit dem neuen Begriff der *natio* sinnvoll auf neue ordnungspolitische Situationen in der mittelalterlichen Gesellschaft zu reagieren, hatte also erst einmal versagt, als er innerhalb der Kirche die gesamte in Bewegung geratene politische und soziale Außenwelt abbilden sollte.

Das änderte sich in einem zweiten Anlauf, als in der Folgezeit die Bezeichnung *nationes* auf die entstehenden Territorialstaaten überging: zuerst als Fremdbezeichnung, in Anlehnung an die ›Konzilsnationen‹, dann zur identitätsbildenden Selbstbestimmung. Auch dies war ein längerer, erst im Nachhinein schlüssig wirkender Prozess.

*

Mit *natio germanica* war ursprünglich eine bestimmte Gegend gemeint, aus der ein Scholar oder Magister kam oder in der ein Kleriker lebte. Aber aus diesem ursprünglich geografisch und oft vage definierten Ort hatte sich im 14. Jahrhundert ein territorialer Herrschaftsbereich entwickelt, auf den der Name überging. Aus einer innerinstitutionellen Gruppenbezeichnung wurde ein Name für ein Gebiet, das sonst ›deutsche Lande‹ hieß.

Damit erhielt der Begriff der *natio*, der in der Geschichte der ›Konzilsnation‹ für Verwirrung gesorgt hatte, eine eindeutige, sozusagen nutzenoptimierte und damit zukunftstaugliche Funktion. Und dies in doppelter Hinsicht. *Natio germanica* war geographisch zu einem festen Namen für das Herrschaftsgebiet der deutschen Stände geworden und damit zugleich zu einem politischen Machtinstrument, in dessen Namen die Stände oder der deutsche König gegenüber anderen politischen Mächten legitimatorisch auftreten konnten.

Die Bedeutung dieses Prozesses war erheblich.

I Die Entstehung des Nationalismus in Europa in der zweiten Hälfte des 15. Jahrhunderts

Die Anfänge des politischen Nationalismus

Auf dem Boden der langen Geschichte des Begriffs der *natio* im Spätmittelalter finden wir ab 1439 erstmals anstelle der bisherigen *deutschen lande,* also als gelegentliche Bezeichnungen für die Herrschaftsgebiete der deutschen Stände, die Verbindung *nacion Germanica* oder *natio Germanica*, ab 1441 auch in der volkssprachlichen Form *deutsche nacion* oder *tütsch nation.*[1] In dieser Fassung ist der Begriff dann in den folgenden Jahren gebräuchlich geworden, auch als *germanische Nation* oder *natio Alamannia.* In Übergangsfassungen konnte das dann auch *Deutsche Nation und kurfürsten* oder *weltliche und geistliche fürsten Deutscher nacion* heißen, auf diese Weise die alte, an Personengemeinschaften gebundene, von den Reichsständen vertretene und die neue, gebietsgebundene Bezeichnung (noch) in einer Formel vereinend.

Der letzte Schritt war die Aneignung dieser Benennung durch die so Benannten selbst. Er lässt sich prominent erkennen an einem heftigen Beschwerdebrief des Trierer Erzbischofs Jakob von Sierck (1398–1456) an Friedrich III. von 1452/53, dem »*Abschiedt zwischen Geistlichen Churfürsten, mit waß mittel das Rom. Reich wieder aufzubringen wäre*«.[2] Hier verlangte eine Kurfürstengruppe im Namen der *dutschen nacion* (auch *vnser nacio*) vom Kaiser in seiner Eigenschaft als deutschem König, endlich wieder Ordnung, Recht und Frieden im Reich herzustellen. Um dabei ihre eigene Position gegenüber dem Kaiser zu stärken und um trotz ihrer sonstigen Divergenzen als Vertreter der gesamten ›deutschen‹ Reichsstände gelten zu können, hatten sie den bereitliegenden Begriff der *natio* übernommen, der ihnen die Form eines geschlossen auftretenden politischen Subjekts verlieh. Aus einem neutralen geographischen Ordnungsbegriff war damit ein wertbesetzter politischer Identitätsbegriff geworden.

Nicht, dass es neu gewesen wäre, von ›deutschen Fürsten‹, ›deutschen Ständen‹ und dem ›deutschen König‹ zu schreiben. Die Kenn-

1 Diehl 1937, S. 461 und 465.
2 Von Sierck, *Abschied.*

zeichnung finden wir, wie beschrieben, bei Geschichtsschreibern und Chroniken seit dem 11. Jahrhundert, im Hochmittelalter war sie selbstverständlich und stützte sich in volkssprachigen und lateinischen Texten darauf, dass die betreffenden Herrscher in einem Gebiet regierten, das seit den Römern *Germania*, volkssprachlich *deutsche lande*, genannt wurde. Aber dabei war es bisher um Benennungen für bestehende Herrscher, Herrschergruppen und deren Gefolgschaften gegangen, zur Kennzeichnung und Unterscheidung in bestimmten Situationen und gebunden an die bestehenden ständischen oder sonsti gen Zuordnungen. Ein Deutscher zu sein, hatte keine eigene werthafte Gruppenqualität, bestimmte keine personenübergreifende kollektive Identität. Es ist dieser Unterschied zwischen Merkmale bezeichnender und kollektive Identität benennender ›nationaler‹ Begrifflichkeit, der nicht beachtet wird, wenn Historiker eine durchgehende Nationalgeschichte vom Mittelalter bis in die Neuzeit zu rekonstruieren versuchen.

Auch die Aufteilung der Welt in verschiedene *nationes* war keine Erfindung Jakob von Siercks. Dem Begriff nach war sie seit 1414/18 mit der Konstanzer Aufteilung der Christenheit in verschiedene ›Konzilsnationen‹ in Gebrauch. Und der Sache nach war sie inzwischen den Gelehrten geläufig. So schrieb Enea Silvio Piccolomini (1405–1464), hochangesehener Humanist und später Papst Pius II., 1439ff. in seiner Chronik des Basler Konzils[3] wie selbstverständlich von den verschiedenen ›Nationen‹ der Deutschen, Italiener, Franzosen oder Griechen und meinte damit je nach Situation die Herrscher bzw. deren Gesandte oder das eine ›Nation‹ bildende Gebiet (wobei er gegebenenfalls die Grenzen zwischen den Nationen willkürlich nach vorhandenen Sprachgrenzen ziehen konnte, ohne sich um die gegebene politische Situation vor Ort kümmern zu müssen) oder einen bestimmten Sprachraum.[4]

Aber neu in von Siercks Schreiben war, soweit ich sehe, das politische ›Wir‹, mit dem das Kurfürstenkollektiv den Titel einer deutschen Nation für sich in Anspruch nahm, daraus Herrschaftsansprüche gegenüber dem Kaiser ableitete und einen Suprematie-Anspruch gegenüber allen anderen Nationen formulierte: Kaiser Ferdinand solle Ordnung im Reich schaffen, damit die deutsche Nation wieder zu Ansehen komme vor den *anderen Naciones*. Zwar sei der gegenwärtige Zustand Deutschlands beklagenswert, doch eigentlich sei *vnsere*

3 Widmer 1960, S. 348.
4 Hirschi 2005, S. 146ff.

nacio meyster vber alle andere nacion, so uerre [*in so fern* = dann, wenn] *sie in rechter ordenunge vnd Regiment ist.*[5] Neu war die Entschiedenheit, mit der hier partikulare Forderungen an den Kaiser im Namen des politischen Kollektivsubjekts einer einheitlichen ›Nation‹ erhoben wurden. Neu war die Selbstverständlichkeit, mit der die Konkurrenz der *nationes* zum politischen Argument gemacht wurde. Und neu war es für die eigene Nation, als ein kollektives Subjekt, Überlegenheit *vber alle andere nacion* zu postulieren.

*

Der kurfürstliche »*Abschied …*« steht als historischer Akt nicht allein. Um die gleiche Zeit, nämlich 1456, formierten sich die deutschen Stände auf einem Frankfurter Reichstag als nationales Kollektivsubjekt, um dem Papst in Rom mit einer großen Beschwerdeschrift, den »*Gravamina nationis germanicae*« (auf Deutsch 1461 als »*beswernus Deutsche lant*« [Plural!]), eine lange Liste von Übergriffen der Kurie auf das weltliche Recht der Deutschen vorzuhalten. Auch hier ermöglichte die Selbstbezeichnung als *natio,* dass die Vielzahl der unter sich oft heftig zerstrittenen ›deutschen‹ Stände im politischen Konflikt als einheitliche, handlungsfähige Macht auftrat.

Anfang der 1450er-Jahre haben also zum ersten Mal die repräsentativen gesellschaftlichen Führungskräfte des Deutschen Reichs für sich in Anspruch genommen, im Namen einer ›Deutschen Nation‹, *vnserer nacion,* der *dutschen,* zu sprechen. Sie meinten damit das bunte Ensemble der von den deutschen Ständen beherrschten Gebiete, das seit langem ›Deutschland‹ genannt wurde. Wir hatten im vorigen Kapitel gesehen, wie diese Bezeichnung über Jahrhunderte hinweg von ›deutscher Zunge‹ zu ›deutsche Lande‹ und weiter zu ›deutsches Land‹ und ›Deutschland‹ entwickelt worden war. Nun aber trat dieses ›Deutschland‹ als politisches Subjekt mit eigenen politischen Forderungen auf, setzte sich gegen andere *nationes* ab, erhob ihnen gegenüber nationale Prioritäts- und Herrschaftsansprüche (*Abschied*) und stellte als *natio Germanica* politische und finanzielle Forderungen an die Kurie in Rom (*Gravamina*).

5 Von Sierck, *Abschied*, S. 18.

Die ›Nationalisierung Europas‹

Von Sierck hatte die Forderung der ›deutschen Nation‹ an Kaiser Friedrich III. (1415–1493) als deutschen König gerichtet, womit das rechtlich und politisch komplizierte Verhältnis der deutschen Stände zum Reich ins terminologische Spiel kam. So finden wir denn in den folgenden Jahrzehnten vielfältige neue Sprachformeln wie ›Nation und Reich‹, ›deutsche Nation und Reich‹ oder ›Reich deutscher Nation‹, teils mit, teils ohne die Epitheta ›heilig‹ und ›römisch‹, in einer zunehmenden Zahl von Verlautbarungen des Kaisers und der Stände.

Je nach politischer Position wechselte dabei die Akzentuierung. Die Stände betonten die Eigenständigkeit der (deutschen) Nation und ihrer Mitglieder gegenüber dem Kaiser, der Kaiser appellierte an die gemeinsame Verantwortung der Stände für das Reich. ›Deutsche Nation‹ war der Begriff, der sich unter der Notwendigkeit herausgebildet hatte, der größeren Selbstständigkeit der Territorialherren und Städte gerecht zu werden, ohne ihre rechtliche und politische Verbindung mit dem Kaisertum außer Acht zu lassen (so schon die These der in der Nationalismusforschung kaum rezipierten, jedoch grundlegenden Dissertation von Alfred Schröcker).[6]

In der Folgezeit ist diese Praxis, im politischen Feld als ›deutsche Nation‹ aufzutreten, ausgebaut und ausgedehnt worden, so etwa in den langen Auseinandersetzungen zwischen den deutschen Ständen und dem Kaiser oder zwischen den Ständen und dem Papst im italienischen Rom, dann auch zur Verteidigung fürstlicher Interessen gegen Ansprüche des französischen Königs, zur Rechtfertigung der von den Habsburgern betriebenen Feldzüge in Italien oder, mit starker affektiver Aufladung, bei den Kämpfen des Deutschen Reiches gegen Ungarn und das Osmanische Reich. Zur Klarstellung gab es dann auch die differenzierende Formel von *des hailigen reichs stend teutscher und wälscher nation* in einer Urkunde Maximilians I.[7]

1495, auf dem Wormser Reichstag, wurde *Römisches Reich deutscher Nation* offiziell zum Reichstitel erhoben und 1512 zu der fortwirkenden Form *Heiliges Römisches Reich deutscher Nation* erweitert. Es war der »institutionalisierte Dualismus – als die fortan gültige Form der deutschen Gesamtstaatlichkeit«,[8] die bis 1806 Bestand haben konnte.

6 Schröcker 1974
7 Isenmann 1989, Anm. 159.
8 Moraw 1985, S. 19.

Wenn es darum geht, in der langen, vielstufigen Geschichte des Nationenbegriffs eine Art Marke zu finden, von der an wir nicht mehr von der Vorgeschichte, sondern von der Wendung zur Frühgeschichte des deutschen Nationalismus sprechen können, dann ist die Kurfürstenschrift von 1452/53 zu nennen. Hier enthielt der Begriff der *natio* erstmals die Funktion eines umfassenden Deutungsmusters, die Vorstellung einer imaginären politischen Weltordnung von miteinander konkurrierenden *nationes*, die sich selbst als historische Subjekte verstanden.

*

Ihre weitere Entwicklung in der zweiten Hälfte des 15. Jahrhunderts verdankt die ›Nation‹ ihrer vielfältigen Verwendung zur Legitimation und Positionierung in den turbulenten politischen Auseinandersetzungen der Epoche. Entsprechend heftig wurde um sie gestritten. Dabei blieb es nicht bei der sachlichen Sprache der politischen Diplomatie. Das politische Werben für die Sache der deutschen Nation war ja schon bei von Sierck mit Emotionen besetzt gewesen, und diese affektive Aufladung war durchaus steigerungsfähig. Das zeigte sich 1453, als das Heer des osmanischen Sultans Mehmed II. Konstantinopel eroberte und damit eine tiefgreifende Krise im christlichen Selbstverständnis der herrschenden Eliten auslöste. Um der ›Türkengefahr‹ entgegenzusteuern, hatten Kaiser und Papst 1554 auf dem sog. Frankfurter ›Türkenreichstag‹ zum Kampf gegen diese Bedrohung der politischen, religiösen und kulturellen Ordnung des Abendlandes aufgerufen.

Dort hatte Enea Silvio Piccolomini, damals päpstlicher Gesandter am Kaiserhof, eine dreistündige, sorgfältig ausgearbeitete und weit ausgreifende Grundsatzrede gehalten, um die in Frankfurt versammelten Stände dazu zu bringen, den Kaiser bei seinem geplanten Feldzug gegen die Türken mit namhaften Beiträgen an Geld und Truppen[9] zu unterstützen.

Dazu hatte Enea mit allen Mitteln professioneller Rhetorik den deutschen Ständen ihre streitbaren germanischen Vorfahren als Vorbilder vor Augen gerückt und die Türken als schreckliche Feinde der deutschen Nation, der Christenheit und Europas gezeichnet, in grellen Farben und mit einem großen Vokabular an diffamierenden und horrifizierenden Bezeichnungen.

9 Krebs 2005, S. 28ff.

Eneas Rede blieb ohne direkten politischen Erfolg, ist aber wegen ihrer Kunst, Bedeutung und historischen Kraft sofort vielfach verbreitet worden. Hier war zum ersten Mal die Phantasie vom affektiv besetzten, kollektiven Körper einer deutschen Nation formuliert worden, der verletzbar sei und von außen durch ›unsere‹ Feinde bedroht werde, gegen die ›wir‹ uns mit allen Kräften wehren müssen und können – wobei das hohe Gut ›unserer‹ Nation jede Form der moralischen Disqualifikation ihrer Feinde erlaube. Die historische Bedeutung dieser Rede ist immens. Mit ihr war die Nation im politischen Diskurs Europas etabliert als Ort kollektiver Selbstverteidigungsaffekte. Innerhalb des fortbestehenden christlichen Glaubenshorizontes hatte sich um die Mitte des 15. Jahrhunderts und im Feld politischen Handelns mit dem Deutungsmuster der ›Nation‹ ein profaner Legitimations- und Motivierungsdiskurs ausgebildet, der nun seine eigene Dynamik entwickelte und bereits hier, im historischen Moment seiner Entstehung, politische und kulturelle Elemente unlösbar miteinander verband. Heute gilt diese Rede übrigens als die erste prominente Nennung von ›Europa‹ für das Gebiet und die Völker der abendländischen Christenheit – und steht damit für den Beginn des heute noch aktuellen Europadiskurses.[10]

Durch die Frankfurter Rede hatte sich der öffentliche politische Diskurs im Deutschen Reich inhaltlich geändert. Enea hatte das aktuelle, verfügbare Wissen der intellektuellen und politischen Eliten vom gegenwärtigen Zustand und der Gestalt der eigenen Gesellschaft in seinen Text aufgenommen und dabei vier neue Aspekte im Begriff der Nation entwickelt, die dessen weitere Geschichte bestimmen sollten: die Perspektive einer existenzgefährdenden Bedrohung des sozialen Körpers von außen, das Horrorbild eines angsteinflößenden äußeren Feindes, der bekämpft werden muss und bekämpft werden kann, die Formel vom herausragenden Charakter der in die Vergangenheit zurückreichenden deutschen Nation und die Vorstellung von der Schutzbedürftigkeit, aber auch Schutzfähigkeit der Nation. Um 1500 wurden dann einzelne von ihnen ausgearbeitet. Als Ensemble erlangten sie im Zuge von Luthers Reformation kurzfristig politische Wirkungsmacht. Im 19. und 20. Jahrhundert prägten sie den modernen Begriff des Nationalismus.

Die Frankfurter Rede von Enea Silvio Piccolomini ist neben Jakob von Siercks *Abschied* und den *Gravamina* das dritte Dokument aus

10 Helmrath 2007.

den Jahren 1452–56, das von den Anfängen des politischen Nationalismus in Europa berichtet.

*

Eneas ethnisierende Erwähnung der Germanen als Vorfahren der heutigen ›Deutschen‹ sollte erst später wieder aufgenommen werden, ausgehend von den Schriften Giovanni Antonio Campanos (*1429), die erst 1487 posthum gedruckt wurden, eine große Wirkung in Deutschland entfalteten und den ›nationalen‹ Humanistenstreit zwischen ›Italienern‹ und ›Deutschen‹ lostraten. Aber Eneas nationalistische Körpermetaphorik und seine aggressiven Feindvernichtungsphantasien haben bald Schule gemacht, so etwa in der Propaganda der sogenannten Burgunderkriege am Oberrhein 1474–1477, einer Reihe von lokalen, aber heftigen politischen und militärischen Auseinandersetzungen zwischen Karl dem Kühnen von Burgund auf der einen Seite und den Schweizerischen Eidgenossen, den Städten Basel, Schlettstadt, Colmar und Straßburg sowie weiteren Verbündeten auf der anderen.

Es ist erstaunlich zu sehen, wie dieser lokale Konflikt damals in der eidgenössischen und elsässischen Publizistik und Chronistik als nationaler Verteidigungskampf der ›Deutschen‹ gegen die ›welschen‹ Burgunder dargestellt wurde, mit fremdenfeindlichen Zügen, die aus der ›Türkenliteratur‹ hierher übertragen wurden.[11]

Da setzten die betroffenen Reichsstädte auf Reichstagen ihre lokalen Streitigkeiten im Westen in Analogie zu dem Kampf des Reiches im Osten gegen das Osmanische Reich, um damit argumentative Unterstützung für ihren Krieg gegen Burgund zu erhalten und von den sonst fälligen ›Türkenabgaben‹ befreit zu werden. Da wurde in stadtbürgerlichen Schweizer Chroniken und in populären Liedern das Land Karls des Kühnen von Burgund mit aggressiven Feindbildern bedacht, die nach den ausgearbeiteten Blaupausen der Türkendiffamierungen konstruiert waren: Karl als »Türk im Occident«. Und da bezeichneten dieselben Schriften das Bündnis von Elsässern und Eidgenossen gegen Karl als *nation*, *teutsche nation*, auch *unser aller nation* im Kampf mit den ›Welschen‹. Dass unterhalb dieses imaginären Daches elsässische und eidgenössische Autoren kräftig gegeneinander polemisierten, tat der übergreifenden nationalistischen Argumentation keinen Abbruch. Man hatte einen gemeinsamen na-

11 Sieber-Lehmann 1995.

tionalen Feind. Die Burgunderkriege waren denn auch der Ort, an dem die überkommenen Bezeichnungen ›welsch‹ und ›die Welschen‹ erstmals zum antinomischen Gegensatz von ›welschen Feinden‹ versus ›deutsche Nation‹ ausgebaut wurden.[12]

Von hier aus führen dann direkte Verbindungen zu dem ›nationalen‹ Kampf ums Elsass bei Jakob Wimpfeling und seinen Mitstreitern – und noch darüber hinaus: einerseits zu der bekannten Klassifizierung der Franzosen als *Erbfeinde*, die im Nationalismus des 19. und 20. Jahrhundert den deutschen Blick auf Frankreich bestimmte, und andererseits zu den nationalistischen Hasstiraden Ulrich von Huttens gegen den Papst im italienischen Rom.[13]

Resümee

Damit gab es also gegen Ende des 15. Jahrhunderts einen breiten politischen Nationaldiskurs in Mitteleuropa, in dem das christliche Abendland als eine ›Welt von Nationen‹ vorgestellt wurde und *natio* zu einem wertbesetzten politischen Legitimations- und Propagandabegriff geworden war.

Es war ein neues, rein säkulares, politisches Deutungsmuster, dessen stufenweises Entstehen über zwei Jahrhunderte sich hier beobachten ließ und das von nun an das politische Selbstverständnis der europäischen Staaten zunehmend bestimmen sollte. Aus heutiger Perspektive bedeutete dies die Einführung des zentralen politischen Ordnungsprinzips der Nation, das die Neuzeit bis heute dominiert. Aus zeitgenössischer Perspektive jedoch war es nur ein neuer Name für vertraute Konstellationen. Denn faktisch verbargen sich hinter der neuen nationalen Begrifflichkeit weitgehend die alten dynastischen, kirchen- und reichspolitischen Konflikte mit den traditionellen politischen Akteuren.

Immerhin hatten sich deren Kräfteverhältnisse geändert. Territorialfürsten und Städte hatten an politischem Gewicht gewonnen, die bindende Kraft der universalen Mächte, Papst- und Kaisertum, begann nachzulassen. Geändert hatte sich auch der diskursive Rahmen, innerhalb dessen die Beteiligten auf die neuen Verhältnisse reagierten. Neben die überkommenen, religiös bestimmten Vorstellungen von ›Reich‹ und ›Christenheit‹ war der säkulare Begriff der ›Nation‹ getreten, der das Feld der politischen Auseinandersetzungen innerhalb

12 Sieber-Lehmann, 1995, S. 281 ff. und Register.
13 Zur Geschichte des französischen Erbfeindes seit 1513: Hirschi 2005, S. 70.

Europas nach geographisch-territorialen Kategorien aufteilte, den politischen Machthabern neue Artikulations- und Legitimationsmöglichkeiten gab, neue Abgrenzungsformeln gegen Papst und Kaiser schuf, den verschiedenen Auseinandersetzungen an den Grenzen des Reiches einen grundsätzlicheren Status verschaffte und ein eigenes, affektives Vokabular von Selbstdefinition und Feindmarkierung entwickelte.

Es ist also, meine ich, nicht mehr davon auszugehen, dass der europäische Renaissance-Nationalismus vor der niederländischen Revolution rein kulturell gewesen sei, wie Hans Ulrich Wehler mit all seiner nachwirkenden Autorität behauptet hatte.[14] Im Gegenteil: In der zweiten Hälfte des 15. Jahrhunderts war im Selbstverständnis der Zeit die ›Nation‹ zu einem globalen politischen Deutungsmuster geworden, mit dem das christliche Abendland als eine Welt unterschiedlicher Nationen dargestellt wurde. Es ist dies ein zentrales Argument für die These meiner Untersuchungen, dass die Anfänge des europäischen (und damit auch des deutschen) Nationalismus als eines explizit politischen Welt-Deutungsmusters hier, in der zweiten Hälfte des 15. Jahrhunderts, verortet werden sollten.

*

Wenn diese These nicht missverstanden werden und nicht zu einem Allerweltsgebrauch der Bezeichnung ›Nationalismus‹ führen soll, dann ist allerdings im gleichen Atemzug noch einmal zu betonen, dass die so identifizierte erste, die politische Stufe des deutschen Frühnationalismus sich in wichtigen Merkmalen von späteren Formen unterschied. Der Begriff der politischen Nation im späten 15. Jahrhundert blieb eine Kategorie zweiten Grades, er blieb eingebettet in die Vorstellungen und die politische Wirklichkeit eines die verschiedenen Nationen übergreifenden christlich legitimierten Reichs und gebunden an die Macht des kaiserlichen Hofes und der päpstlichen Kurie. Das übergeordnete Deutungsmuster, die mittelalterliche, christlich-feudale Weltordnung, war nicht außer Kraft gesetzt worden dadurch, dass in ihr ein neues Ordnungsprinzip entstanden war und politisches Gewicht beanspruchte. Vor allem aber: Die soziale Schicht, die den Namen der Nation für sich in Anspruch nehmen konnte, blieb auf den engen Kreis der führenden Adelsgruppen und auf ihr Handeln zu legitimatorischen und propagandistischen Zwecken beschränkt.

14 Wehler 2001.

II Der deutsche Frühnationalismus

Was ich bisher beschrieben habe, ist nur die erste, die politische Stufe in der Geschichte des deutschen Frühnationalismus. Um und nach 1500 entwarfen deutsche Humanisten das Projekt einer kulturellen deutschen Nation, das auf dem Boden des politischen Nationalismus entstanden war, aber weit über ihn hinausging. Es diente nicht der Herrschaftslegitimierung der führenden Adelsschichten, sondern der literarischen Arbeit und der Selbstvergewisserung gelehrter Schriftsteller beim Aufbau einer säkularen Kultur. Das war sachlich und historisch keine triviale Angelegenheit; entsprechend komplex muss ihre Rekonstruktion ausfallen.

Der europäische Humanismus war ja nicht nur eine Bewegung, in der die alten antiken Schriftsteller neu entdeckt wurden, die eine Revolutionierung des intellektuellen, künstlerischen und moralischen Lebens auslösten; er war auch eine Bewegung, deren Mitglieder ihre gegenwärtige Umwelt, die geographische, politische und soziale Wirklichkeit des späten Mittelalters, neu wahrnahmen und neu vermessen wollten. Diese Wirklichkeit war in Bewegung geraten, und dies meint nicht nur die wachsende Mobilität wichtiger Bevölkerungsteile, von der oben die Rede war. Der zunehmende Luxushandel mit dem Fernen Osten und die Fernreisen der portugiesischen Seefahrer bis hin zur ›Entdeckung‹ Amerikas hatten begonnen, das Bild der Erde zu revolutionieren. Die Eroberung Konstantinopels durch die Türken und ihr Vordringen im Osten waren als politische und religiöse Bedrohung der Christenheit und ›Europas‹ erfahren worden. Das Erstarken des Handelsbürgertums, das Zunehmen der Geldwirtschaft, die wachsende »Verdichtung« von Herrschaft[1] in den entstehenden Territorialstaaten sowie die soziale, rechtliche und machtpolitische Entwicklung der Städte waren im Begriff, die europäische Gesellschaft in vielen Bereichen tiefgreifend zu verändern. Die dabei neu entstehende Schicht der humanistischen Intelligenz war gezwungen, sich mit diesen Entwicklungen auseinanderzusetzen. Und die rasant wachsende mediale Öffentlichkeit hatte ihren Mitgliedern einen neuen Hallraum für ihre Erkenntnisse zu Verfügung gestellt.

1 Moraw 1985.

Deutschland und Italien

Dass es um 1500 unter deutschen Humanisten einen beachtenswerten nationalen Diskurs gegeben hat, ist weithin bekannt. Er ist in der Literaturwissenschaft lange Zeit verharmlosend als deutscher ›Kulturpatriotismus‹ bezeichnet worden und wird gemeinhin als Ergebnis eines innerhumanistischen Konkurrenzkampfes interpretiert, bei dem die ›Wiederentdeckung der *Germania* des Tacitus‹ den entscheidenden Anstoß gegeben habe.

Das geht dann so:

Als Mitte des 15. Jahrhunderts, in einer mittelalterlichen Abschrift antiker lateinischer Schriften, der gelehrten Welt der ausführliche Bericht des römischen Historikers über Roms Nachbarn im Norden bekannt wurde, war zwischen italienischen und deutschen Humanisten eine Auseinandersetzung entbrannt über die Interpretation dieses Ende des 1. Jahrhunderts entstandenen Textes. Sie habe sich im Verständnis der Beteiligten von begrenzten Kabbeleien zum »Kampf der Nationen« um »Ehre« hochgeschaukelt.[2]

In der Tat hatte sich seit den 1490er-Jahren ein heftiger Humanistenstreit über die Alpengrenze hinweg entwickelt zu der Frage, wie Tacitus das Germanenvolk damals bewertet habe, ob vorwiegend als primitiv und ungebildet oder als kriegstüchtig und sittenfest – und was aus diesem Bild für das Ansehen der ›Deutschen‹ nun abzuleiten wäre.

Ich meine aber, dass diese Geschichte anders als bisher erzählt werden muss, wenn die zur Verfügung stehenden Quellen vollständig in den Blick genommen werden und ihre Chronologie beachtet wird. Denn ehe die heftigen Auseinandersetzungen zwischen italienischen und deutschen Humanisten anhand von echten und manipulierten Tacitus-Zitaten ausgetragen wurden, hatte bereits ein anderer Prozess begonnen, der den eigentlichen Beginn des kulturellen Nationalismus darstellt.

Es war der Prozess, in dessen Verlauf in humanistischen Texten aus ›Deutschen‹ im Sinne von ›deutschen Humanisten‹ einfach ›Deutsche‹ wurden und aus den Auseinandersetzungen zwischen zwei Humanistenfraktionen eine Auseinandersetzung zwischen den humanistischen Mitgliedern zweier Nationen – so, wie seit den 1450er-Jahren in politischen Texten aus den Konflikten zwischen dem deutschen König und dem König von Frankreich Konflikte zwischen der deutschen und der französischen ›Nation‹ geworden waren.

2 Hirschi 2005.

Nach dem, was ich im vorigen Kapitel dargestellt habe, ist also die Nationalisierung des deutschen Humanismus nicht als diskursiver Prozess innerhalb des Gelehrtenwesens angemessen zu verstehen, sondern nur als Teil der umfassenderen »Nationalisierung Europas«,[3] die vorher längst das politische Feld beherrscht hatte. Dort hatten, wie beschrieben, akademisch gebildete höfische Räte und Kanzleibeamte das neue Deutungsmuster der ›Nation‹ entwickelt. Sie hatten die politische Selbstinterpretation der herrschenden Stände neu definiert und damit deren Konflikte neu strukturiert. Ihre deutschen Schriftstellerkollegen wussten davon, es war die Voraussetzung für ihr Projekt einer identitätsstiftenden ›deutschen‹ Kultur.

*

So weit der Kontext. Die Vorgeschichte spielte, wie schon erwähnt, in Italien. Dort hatten seit dem 14. Jahrhundert Humanisten nicht nur die antike römische Literatur als ihre kulturelle Vergangenheit entdeckt, sondern in der Auseinandersetzung mit ihr auch die stolze Vorstellung von einer ›italienischen‹ Kultur entworfen und sie zum Deutungsmuster einer eigenen kollektiven Identität italienischer Humanisten ausgebaut – ein Prozess, der als »Erfindung der italienischen Nation in den Schriften der Humanisten« beschrieben worden ist.[4]

Die Benennung ist aber missverständlich. Sie berücksichtigt nicht, dass diese Entwicklung in Italien bis in die Mitte des 15. Jahrhunderts ohne den Begriff der Nation ausgekommen ist und dass sie sich in einem zentralen Punkt von allem unterscheidet, was dann im europäischen Nationalismus unter ›Nation‹ verstanden wurde. Denn der italienische Humanismus, so Caspar Hirschi, habe zwar ein »nationales Italienkonzept«, aber kein »eigentliches Nationskonzept« entwickelt. Die Sicht italienischer Humanisten auf die Welt sei »vornehmlich bipolar, nicht multipolar« gewesen. Bei den Italienern habe Italien »im humanistischen Diskurs nicht einer Vielzahl anderer Nationen gegenüber« gestanden, sondern es habe »eine Insel der Zivilisation« gebildet, »umspült von einem Meer der Barbarei«. Im Gegensatz dazu gebe es erst bei den deutschen ein multipolares Nationenkonzept mit einer Konkurrenz gleichrangiger Mitspieler.[5]

Hirschi bezieht sich mit dieser Unterscheidung und ihrem ein

3 Münkler 1994.
4 Münkler 1998, S. 75.
5 Hirschi 2005, S. 177.

prägsamen Bild auf Reinhart Koselleck, der sie als historisch bedeutsame »Unterscheidung zwischen symmetrischen und asymmetrischen Gegenbegriffen« in die Begriffsgeschichte eingeführt hat.[6] Koselleck hatte mit diesem Gegensatzpaar die Eigenart der beiden universalen europäischen Ordnungsvorstellungen der Antike und des Mittelalters – Hellenen vs. Barbaren bzw. Christen vs. Heiden – analysiert und sie der Ordnungsvorstellung der Moderne entgegengesetzt. Beide vormodernen Ordnungsvorstellungen würden mit einem »asymmetrischen Verhältnis« zwischen den mit ihnen bezeichneten Bevölkerungsgruppen arbeiten. Die wahren Menschen seien bei ihnen die Hellenen bzw. die Christen, die anderen seien ›nur‹ Barbaren bzw. Heiden – auch wenn sie im Einzelfall jeweils ernst genommen werden konnten. Die Ordnungsvorstellungen der Moderne hingegen seien symmetrisch. Zu ihnen gehört auch der Nationalismus. Er geht von der prinzipiellen Gleichrangigkeit der verschiedenen Nationen aus – so sehr die Angehörigen anderer Nationen im Einzelfall auch bekämpft oder abgewertet werden können.

Für meine Überlegungen zur Entwicklungsgeschichte des Nationalismus ist dies ein weitreichendes Argument. Es würde bedeuten, dass dieser Unterschied zwischen dem ›nationalen Italienkonzept‹ der italienischen Humanisten und dem ›Nationskonzept‹ der deutschen zugleich eine Trennlinie zwischen mittelalterlichen und modernen Ordnungsvorstellungen markieren würde und dass es sinnvoll ist, von ›Nationalismus‹ erst beim nationalen Deutungsmuster der deutschen Humanisten zu sprechen.

Deutsche Humanisten ›entdecken‹ ihre *patria*

Auch für die Eigengeschichte des deutschen Frühnationalismus lässt sich ein Datum für seinen Anfang und lassen sich seine weiteren Etappen benennen. 1485, am Ende seines Studiums der Humaniora bei Rudolf Agricola in Heidelberg, veröffentlichte der 26-jährige Magister der Poesie und Rhetorik Konrad Celtis (1459–1508) in einer beziehungsreichen lateinischen Ode, *Ad Phoebum, ut Germaniam petat*, die Vision einer zukünftigen kulturellen Blüte Deutschlands. Phoebus Apollo, der griechische Gott des Lichtes und der Künste, schrieb er, möge doch aus Griechenland zu den Deutschen kommen. Und inzwischen könne er das auch, denn die Deutschen mit ihrer

6 Koselleck 1989, S. 228.

Johann Jacob Haid in Augsburg: Porträt Konrad Celtis. Schabkunst.

Legende: »CONRADVS CELTES PROTVCIVS, | P[oeta] L[aureatus] C[aesareus] et Prof[essor] Vienn[ensis.] | nat[us] d[ie] 1. Febr. 1459. den[atus] d[ie] 3. Febr. 1508.« – O.r. »31.«

unzivilisierten germanischen Vergangenheit und ihrer barbarischen Sprache seien neuerdings bereit und imstande, die Kunst der wahren klassischen Dichtung zu erlernen und damit in den Kreis der kultivierten, humanistisch gebildeten Völker aufzusteigen[7] (Text im Anhang, S. 158).

Hier wurde der deutschen Dichtkunst eine Eigenständigkeit zugeschrieben, die sie unabhängig machte von allen Verbindungen nach Italien. An der römischen Klassik und ihren italienischen Vermittlern vorbei wandte sich der Autor in direktem Zugriff auf den griechischen Ursprung aller wahren Kunst, um ihn für sein Land in Anspruch zu nehmen. Und dieser Beginn einer kulturellen deutschen Blüte sei, so behauptete Celtis, kein Zukunftstraum, sondern bereits eingeleitet – durch seinen kunstgerechten Text, in dem er davon spricht.

Das war 1485. Erst danach, um 1490, begann in Deutschland die eigentliche Tacitus-Rezeption.[8] Und erst nach 1495, als die scharfzüngig deutschenfeindlichen Briefe des Italieners Campano bekannt wurden, begann der grundsätzliche Streit deutscher Humanisten mit den Italienern um die richtige Auslegung der *Germania.*

An diesem Streit hat Celtis nicht aktiv teilgenommen. Aber zwischen 1498 und 1500 hat er mit einer eigenen Tacitus-Ausgabe der *Germania* die Kenntnis des umstrittenen Textes vorangetrieben. Danach hat er das ambivalente Germanenbild von Tacitus durchweg unterschiedlich genutzt und souverän, je nach Zweck und Argumentationszusammenhang, die Kriegstüchtigkeit und Sittlichkeit der Germanen betont oder ihre zivilisatorische Rückständigkeit kritisiert.

*

Konrad Celtis, geboren als Sohn eines angesehenen Weinbauers in Franken, gestorben als Professor der Rhetorik und Poetik in Wien, gilt als einer der führenden deutschen Humanisten der zweiten Generation. Er war keiner der ganz großen Gelehrten wie sein Zeitgenosse Erasmus von Rotterdam, der neue intellektuelle Horizonte eröffnete und sich einen internationalen Wirkungskreis schuf. Aber er war ein großer Vermittler und Anreger, der auf eine exemplarische Weise das Bild eines humanistischen Intellektuellen verkörperte und die deutsche Literaturgeschichte nachhaltig mitbestimmt hat. Seine Apollo-Ode, als dringliche persönliche Bitte vorgetragen, »signalisiert ein

7 Celtis, *Am 4,5.*
8 Mertens 2004 b.

faszinierendes Experiment: die Überwindung des deutschen Kulturdefizits durch Übergang zu lateinischem Dichten«.[9] Von ›Deutschland‹ spricht Celtis allerdings erst später; hier, 1485, verwendet er noch die ältere Form ›unserer Lande‹, *nostras oras* (V. 21).

1497, zwölf Jahre nach dem Apollo-Gedicht, beschrieb der gleiche Konrad Celtis eine sehr andere Situation der deutschen Poesie. Wieder in einem programmatischen Gedicht nach klassischem Muster, der Epode *Ad Germanos poetas*,[10] sah der Autor sich bereits von einer ganzen Gruppe junger deutscher Dichter umgeben, die er dazu aufforderte, ihre Anstrengungen um eine deutsche Poesie zu steigern (Text im Anhang, S. 160). Dieser sagte er eine gesicherte Zukunft voraus, eine Zukunft, von der er sich wünschen würde, dass dann seine eigenen Gedichte ›unter den Deutschen so fortleben würden, wie die des Horaz in den italienischen Landen‹, *inter Germanos mea, sic rogo, carmina durent ut Italis Horatius sub finibus.*[<?>] 1497 also wurde einer im Werden begriffenen deutschen Poesie bereits der kulturelle Rang der antiken lateinischen Klassik zugeschrieben, mit Celtis als »deutschem Horaz«[<?>] – beides eine nicht gerade bescheidene Behauptung. In Konkurrenz sah sich der Autor nicht etwa zu seinen italienischen, sondern zu seinen spanischen Kollegen.

Im Zeitraum zwischen beiden Texten war einiges geschehen. Celtis selbst hatte eine intensive, nicht nur poetische Aktivität entfaltet, um seiner Vision von einer genuin deutschen humanistischen Poesie Realität zu verschaffen. 1487 war er von Friedrich III. als erster Deutscher zum Poeten gekrönt worden. Danach hatte er eine insgesamt 10-jährige Wanderexistenz begonnen, die ihn nach Italien und weit herum durch Deutschland führte; wir wissen von Lehrtätigkeiten an den Universitäten von Erfurt, Leipzig, Krakau, Prag und Nürnberg. Er habe diese Reise unternommen, weil er »das ganze Vaterland zu sehen begehrte«, schrieb er in der Epode.

Und er hatte dabei Beziehungen zwischen humanistischen Gelehrten geknüpft, die seine Ideen aufnahmen und unterstützten. Er arbeitete an einem Netz von Zusammenschlüssen gleichgesinnter Humanisten über ganz Deutschland hinweg und hatte immerhin zwei eigene ›Sodalitäten‹ gestiftet, die er auch später noch besuchte.

Während dieser Zeit hatten sich auch seine nationalen Pläne weiterentwickelt. Aus dem begrenzten Konzept einer genuin deutschen

9 Schafer 2012, S. 304.
10 Celtis, *Epode XII.*
11 A.a.O. V. 17f.
12 Schäfer 1976.

QVARTI AMORVM

O rbe ego nunc alio tempora Celtis ago
Q uo loca amena colūt Flacc9:Naſo atq; Tibull9
S apho Propercius & Leſbia vatis amor
I nterea iuuenes & Barbara chara valete
A d nos dum cunctos vrna ſupræma vocat
LIBRI AMORVM.C.C.FINIVNT

EIVSDEM GERMANIA GENERALIS
AD MAXMILI.REGEM PRAEFATIO.
Ex cui ſceptra dedit latialia cōditor orb
Imperiūq; tuo ſubdidit arbitrio
Accipe germanā pingētia carmia terrā
In genere:& totam cerne ſuperficiem
Aequora cū ſiluis.populos.mōtes.iuga
Et quātū ſilua extēdit hercinia gētes
H æc rogo pauca legas donec germania tota
I lluſtrata tibi Maxmiliane detur.
ORIGO MVNDI EX VENTRE DEMO.
Er Demogorgoneū mēorant cūcta tumul
Ex veteri pdiſſe chao dū vētre tumeret tū
Forte ſenex totūq; ferens in corpore mundū
Diſtendit grauidā maturi ponderis aluum
Q uod fuit æterni conceptū ab origine mundi
I mpatienſq; oneris cupiduſq; reponere tandem
P ondus iners molemq; rudem ſe vētre prementē
I ndignatus ait: vacuas te profer in auras
O mundi deforme chaos ſuperiſq; pudendum
E t vos cunctarū diſcordia ſemina rerum
I gnaua in noſtris quæ tanto tempore membris
D elituiſtis: acres facientia ſæpe dolores
V iſceribus tumulata meis dum bella mouetis
I te ite actutum iubeo: pulchroq; decore
C ondite luciflui rutilantia ſydera cœli
E t me iam veſtro vacuū præſtate tumultu
D um mundi fabricetis opus: quod pace perenni

Ausschnitt aus den Amores, 1. Buch, Beginn der »GERMANIA GENERALIS« mit der Widmung an Maximilian I.

Das Gedicht ist die erste umfassende Deutschlandbeschreibung seit Tacitus; der Titel spielt bewusst auf dessen »*Germania*« an. Der kurze Text, XXL Verse, war der entscheidende Anreger für die Beschäftigung der deutschen Humanisten mit Deutschland als ihrer *patria*.

Poesie war ein umfassendes Programm zur Erneuerung deutscher Bildung und Politik geworden, das er 1492 in einem mehrteiligen, sorgfältig komponierten Band veröffentlichte, *Conradi Celtis Protucii Panegyris ad duces Bavariae.*[13] Hier präsentierte er der Öffentlichkeit einen eigenen Plan zu einem akademischen Grundstudium, mit dem er die allgemeine humanistische Forderung nach einer neuen, säkularen Bildung nationalisierte. Er erweiterte den traditionellen universitären Fächerkanon um Landeskunde/Kosmographie und Historiographie und postulierte deutsche Geschichte und deutsche Dichtung neben der Antike als Hauptinhalt humanistischer Studien, womit er »als erster Humanist in Deutschland ein umfassendes Wissenschaftsprogramm formulierte«;[14] das alles in einem 156 Verse langen und kunstvoll aufgebauten Gedicht, das durchzogen ist von einem Lob deutscher Größe und von der Hoffnung auf eine Blüte humanistischer Bildung in Deutschland. Es ist als die »Etablierung einer deutschen Nationalkultur« bezeichnet worden.[15]

Das Programm blieb nicht auf den akademischen Binnenraum beschränkt. Celtis ergänzte es durch den Abdruck der Inaugurationsrede, die er kurz vorher als neu berufener Professor für Poetik und Rhetorik an der Universität in Ingolstadt gehalten hatte. Seine Zuhörer waren Studenten der juristischen Fakultät gewesen, potenzielle hohe Verwaltungsbeamte und Räte der Regierenden in Bayern und anderen deutschen Territorien und Städten, also »der Teil der akademischen Elite mit der größten gesellschaftlichen Relevanz«.[16] Auf diesen politischen Wirkungsraum hatte er seine Rede abgestimmt. Denn die humanistischen Studien, die Celtis hier der künftigen Führungselite ›unseres Deutschlands‹ ans Herz legte, sollten nicht nur wie gewohnt die jungen Leute zu wissenschaftlich beschlagenen und philosophisch gebildeten Menschen heranziehen, ehe sie das Spezialstudium der *scientia iuris* aufnahmen. Ihre Studien sollten sie vor allem dazu befähigen, in ihren späteren Berufen Deutschland zu humanisieren, indem sie seine Fürsten, Bischöfe und Hofleute durch Vorbild und Rat endlich aus dem barbarischen Zustand herausführten, in dem diese sich befanden, und den Celtis ausführlich in konkreten Beispielen mit scharfer humanistischer Hofkritik geißelte.

❦

13 Celtis, *Panegyris*.
14 Worstbrock 1994, S. 712.
15 Müller 2001, S. 212.
16 Elm 1996, S. 520.

Soweit ich sehe, hat Celtis sich nicht wieder so weit mit programmatischen Äußerungen ins politische Feld vorgewagt. Doch die kulturpolitische Ausweitung seines literarischen Programms hat er weiterbetrieben. Noch vor 1500 plante er eine großangelegte Beschreibung Deutschlands, eine »*Germania illustrata*«, als neuzeitliches Gegenstück zur *Germania* des Tacitus und in Konkurrenz zu Fabio Biondos berühmter »*Italia illustrata*« von 1474. Aus diesem Plan ist nie etwas geworden, aber bereits der Entwurf, die »*Germania generalis*«, hatte enorme Wirkung unter den Zeitgenossen. Celtis hat ihn 1500 im Anhang seiner Tacitus-Ausgabe und noch einmal 1502 veröffentlicht. Er gilt heute als Schlüsseltext für die Erforschung des frühen deutschen Nationalismus.

Inzwischen hatte sich neben den Elsässer Humanisten um Jakob Wimpfeling auch in Nürnberg um Willibald Pirckheimer und Albrecht Dürer ein eigener Humanistenkreis gebildet, der etwa ab 1500 zu einem Zentrum national-kultureller Bestrebungen wurde und mit dem Celtis in engem Kontakt stand – von den Nürnbergern verehrt, ihre nationalen Projekte anregend und von ihnen in seinen Arbeiten unterstützt.

Den groß gefeierten Jahrhundertwechsel von 1500 nutzte Celtis dann, um in einem »*Carmen saeculare*« alle Mächte des Kosmos um Schutz für die ›deutschen Lande‹ zu bitten, für ihre Menschen und ihre Natur. 1502 pries er in einem großen, vierteiligen Zyklus bisher entstandener Gedichte, den »*Amores*«, ein umfassendes, fiktives Deutschland als Vaterland der ›Deutschen‹ und beschrieb es als Handlungsraum eines Intellektuellen, seiner individuellen Liebeserfahrung und seines umfassenden Weltwissens.[17] *Germanus*, der Deutsche, hat er sich selbst in den Überschriften der vier Bücher genannt. Und er hat darin, im Widmungsschreiben an Kaiser Maximilian I., sein Projekt einer »deutschen Nationalliteratur«[18] ausdrücklich auf alle Künste samt Tanz und Malerei erweitert.

1504 hat ein Vertreter der jüngeren Generation, Heinrich Bebel, dieses kulturpolitische Programm aufgegriffen, mit Verve und gelehrtem Wissen argumentativ befestigt und theoretisch ausgebaut: »*Quod Germani sunt indigenae*«. Bereits 1501 hatte ein Altersgenosse von Celtis, Jakob Wimpfeling, eine deutsche Volksgeschichte geplant und 1505 dann veröffentlicht, »*Epitome rerum Germanicarum*«.

Damit war um 1500 unter deutschen Humanisten die Vorstellung

17 Worstbrock 1995.
18 Worstbrock 1995, S. 34.

Titelgraphik der Amores.

Inschrift: *CONRADIS CELTIS PROTUCII PRIMI INTER GERMANOS IMPERATORIIS MANIBUS POETE LAUREATI QVATVOR LIBRI AMORUM SECUNDUM QATVOR LATERA GERMANIE FELICITER INCIPIVNT.*
Vier Bücher von Liebeselegien nach römischem Vorbild, angeordnet nach den vier Grenzen Deutschlands, die das fiktive biographische Ich durchwandert haben will. Die Viererordnung, die neben andern mystischen Zahlen das Werk durchzieht, auch in der Rotunde: die vier Himmelsrichtungen (griechisch), vier Städte mit ihren Flüssen, die Namen der dort Geliebten und die den Lebensweg ordnenden vier Lebensalter; in der Mitte: Böhmen mit der Elbe *in media Germania.*
Wiener 2006, S. 93.

von einem identitätsstiftenden ›deutschen Vaterland‹, von der Zusammengehörigkeit ›deutscher Menschen‹ und von einer eigenständigen ›deutschen‹ Kultur etabliert und die gelehrte Beschäftigung mit ihr als anspruchsvolle intellektuelle Tätigkeit anerkannt.

*

Bis weit in die Reformationszeit hinein arbeitete sich nun eine Vielzahl weiterer Autoren an der Frage ab, was ›unser Deutschland‹, wer ›die Deutschen‹ seien und was alles die deutsche Kultur ausmache. Ihren je eigenen Begabungen und Interessen folgend, forschten sie detailliert über die antiken Vorfahren der Deutschen, ihre militärischen und zivilisatorischen Leistungen und ihre Sprache. Sie beschrieben die Landschaften, in denen die zeitgenössischen Deutschen lebten, die Städte, in denen sie wohnten und arbeiteten, ihre Sitten und ihre Tugenden – und sie suchten nach Zeugen einer durchgehenden Kultur und Geschichte der ›Deutschen‹ von der Antike bis in ihre Jetztzeit.

Was sie gefunden hatten, veröffentlichten sie in gelehrten Abhandlungen und Streitschriften, in Büchern für den akademischen Unterricht und in privaten, brieflich kommunizierten Stoffsammlungen. Sie nutzten dabei bewusst und mit Erfolg das neue Medium des gedruckten Buches, zum eigenen Ruhm und finanziellen Nutzen und in der sicheren Gewissheit, eine breitere Öffentlichkeit zu erreichen, als frühere Schriftsteller das je gekonnt hatten.

Es ist eine stattliche Liste.

Ad Phoebum, ut Germaniam petat (1485, Konrad Celtis)
Cathalogus illustrium virorum Germaniae suis ingenijs et lucubrationibus omnifariam exornantium (1491–1495, Johannes Trithemius)
Ad Germanos poetas (vermutlich nach 1497, Konrad Celtis)
Germania generalis (zwischen 1498 und 1500, Konrad Celtis)
Oratio ad regem Maximilianum de laudibus atque amplitudine Germaniae (1504, Heinrich Bebel)
Germania (1501, Jakob Wimpfeling)
Quattuor libri Amorum secundum quattuor latera Germaniae und *Germania generalis* (1502, Konrad Celtis)
Quod Germani sunt indigenae (1504, Heinrich Bebel)
Epitome rerum Germanicarum (1505, Jacob Wimpfeling)
Libertas Germaniae (1509, Hieronymus Gebwiler)
Brevis Germaniae descriptio (1512, Johannes Cochlaeus)

Beschreibung etlicher gelegenheyt Teutsches lands an wasser, berg, stetten vnd grentzen mit anzeygung der meilen vnd strassen von statt zu statt (zwischen 1513 und 1521, Sebastian Brant)
Proverbia Germanica (1514, Heinrich Bebel)
Exegesis Germaniae (1519, Franciscus Irenicus)
Arminivs Dialogus Huttenicus, Quo homo patriae amantissimus, Germanorum laudem celebravit (1529, Ulrich von Hutten; entstanden zwischen 1517 und 1520)
Clag vnd vormanung gegen dem übermäßigen vnchristlichen gewallt des Bapsts zu Rom […] dem vatterland Teutscher Nation zu nutz vnd gut […] (1520, Ulrich von Hutten)
Vormanung an die Freien vnd reich Stette teutscher Nation (1522, Ulrich von Hutten)
Ein schöne Cronick vn Hystoria wye nach Der Synndtfluß Noe. Die teütschen das steitpar volck jren Anfang enpfangen haben (1522, Sigmund Meisterlin)
Chronica […] auch der Teutschen Ursprung, Herkommen, Sitten […] etc. (1523, Johannes Aventinus)
Ein zamengelesen bouchlin von der Teutschen Nation, gelegenheit, Sitten vnd gebrauche, durch Cornelium Tacitum vnd etliche andere verzeichnet (1526, Johann Eberlin von Günzburg)
Germaniae Atqve Aliarvm Regionvm, Qvae ad imperium usque Constantinopolitanum protenduntur (1530, Sebastian Münster)
Germaniae ex variis scriptoribus per brevis explicatio (1515, Willibald Pirckheimer)
Rerum germanicarum libri tres (1531, Beatus Rhenanus)
Von dem thewern Deudschen Fürsten Arminio (1535, Georg Spalatin)
Germania: Von des gantzen Teutschlands aller Teutschen völcker herkomen, Namen, Händeln, Guten vnd bösen Thaten (1539, Sebastian Franck)

Die Liste ließe sich ohne Mühe verlängern. Und sie zeigt nur die Titel, also die Schauseite. Auch im Inneren weiterer Druckschriften hatte das nationale Thema Konjunktur. Wie viele sich brieflich an ihm beteiligten, wie viele es wohlwollend begrüßten, müsste untersucht werden. Zumindest von einem Beispiel wissen wir, dass es auch in privaten Diskussionen zwischen Nürnberger und Straßburger Humanisten eine wichtige Rolle gespielt hat.[19]

Zentrum dieser Textflut war eine Reihe sogenannter »Deutsch-

19 Mertens 2004 c, S. 33 ff.

landbeschreibungen«,[20] kürzere oder längere Schriften über die Eigentümlichkeiten und die geschichtliche Herkunft ›Deutschlands‹ mit seinen ›Volksstämmen und Gegenden‹, *populorum regionumque*, wie es bei Beatus Rhenanus an zentraler Stelle heißt.[21] Celtis hatte 1502 mit der *Germania generalis* den Anstoß dazu gegeben; die Jüngeren griffen seine Anregungen auf und schrieben über ihre *patria*. Meist wird dann erst einmal Deutschland als Ganzes vorgestellt, seine Geschichte erwähnt oder erzählt, und es werden seine Grenzen benannt, mal topographisch geordnet nach Flüssen und Gebirgen wie bei Celtis (antiken Vorbildern folgend), mal geographisch nach angrenzenden Ländern wie bei Cochlaeus (Frankreich, Italien und Dalmatien, Ungarn und Polen, plus ›Ostsee und großer Ozean‹ im Norden).[22]

Dann folgt die z.T. nach Himmelsrichtungen aufgefächerte Binnendarstellung des Landes: in je unterschiedlicher Reihenfolge und Gewichtung die verschiedenen Volksstämme, ihre charakteristischen Eigenarten und ihre jeweilige antike Herkunft sowie die verschiedenen Landschaften, in denen sie wohnen. Immer aber werden auch Städte benannt, viele Städte, gelistet oder beschrieben, mit ihren Altertümern und mit ihren modernen Errungenschaften. Auch dafür gab es Vorbilder und Regeln seit der Antike, doch bei all der Gelehrsamkeit und Topik ziehen sich die Spuren eines gegenwartsorientierten, renaissancehaften Realitätsinteresses durch diese Deutschlandtexte.

Die Autoren wussten, dass sie in einer Epoche lebten, in der sich vieles änderte. Und sie nahmen aktiv an diesen Veränderungen teil, indem sie ihr Vaterland, seine Städte und seine Geschichte beschrieben. Auch hier ist wieder Celtis zu nennen, jetzt mit einem kleinen Büchlein über Nürnberg, *De origine, situ, moribus et institutis Norimbergae libellus*, 1492–1500 geschrieben, 1502 gedruckt, ein ›Städtelob‹, wie es unter humanistischen Autoren beliebt war, und ein Meisterwerk anschauungs- und recherchegesättigter, detailgenau und lebendig schildernder Beschreibung einer zeitgenössischen Stadt, vom Autor ausdrücklich verstanden als Aneignung komplexer gegenwärtiger Wirklichkeit im Medium der Literatur, die dieser Wirklichkeit ›Ruhm‹ und Sichtbarkeit ›für unser liebes Deutschland‹ verschaffen sollte (und dem Autor finanzielle Unterstützung) – und dies mit einem durchaus kritischen Blick, der die hygienischen Zustände und

20 Schirrmeister 2009.

21 Mundt 2008, S. 45.

22 Cochlaeus, *Brevis Germania*. S.u., S. 100.

den rüden, rücksichtslosen Umgang von Rat und Geschäftsleuten mit dem niederen Volk an den Pranger stellte.

Oder Johannes Cochlaeus (1479–1552), der – in Nürnberg tätig und Konrad Celtis folgend – zehn Jahre später in einer »*Brevis Germanie descriptio*« sein Nürnberg mit großem Stolz als moderne Stadt präsentierte, politisch, technisch und wirtschaftlich, künstlerisch und personell auf dem neuesten Stand. Und der bei der Nennung von Freiburg im Breisgau neben der Universität die ›reizenden‹ Bächlein nicht vergaß, ›die durch die einzelnen Straßen geführt sind‹[23] (wo sie auch heute noch, wie der Verf. weiß, die Touristen erfreuen).

Oder Sebastian Brant (1457/58–1521) mit seiner nach 1513 verfassten, knappen »*Beschreibung etlicher gelegenheyt Teutsches lands an wasser, berg, stetten vnd grentzen mit anzeygung der meilen vnd strassen von statt zu statt*«, die 1538, 21 Jahre nach seinem Tod, gedruckt wurde und die er selbst als »*Summa aller Macht teutscher Nation*« verstand, »*auf dass diejhenigen, die Teutsche land nie erkündet oder durchsehen, eyn anzeyg vnd bildniß haben möchten d' weite vn große Teutscher land vn die frembden nationen nit gedencken, als offt geschieht, jre land für groß vnn mächtig alleyn zu schetzen od' zu achten sein.*«[24] Oder Jakob Wimpfeling, der mit »*Germania*« (1501) die erste deutsche Geschichte schrieb, »die nur dieses sein will«,[25] und darin die Taten und Größe ›deutscher‹ Kaiser und Könige und die Leistungen ›deutscher‹ Wissenschaftler pries, um den Deutschen zu zeigen, welch bedeutendes Volk sie sind.

*

Es waren Texte von sehr unterschiedlicher Gestalt. Bloße Manuskripte, kleine Büchlein und voluminöse Bände; teils äußerst gelehrt und altertumslastig, teils von einer erfrischenden Gegenwartsnähe und Modernität des Blicks; vielfach orientiert an antiken und italienischen Darstellungsmustern, abhängig von traditionellem Bildungswissen und doch jedes mit einem eigenen Konzept von Deutschlandbeschreibung. Oft sind den Autoren dabei sehr anschauliche und informative Schilderungen gelungen. Anderes blieb eher allgemein und im Vagen, und dies desto mehr, je weiter die beschriebenen Orte von den süddeutsch-heimatlichen Gefilden der meisten Autoren entfernt waren.

23 Cochlaeus, *Germania*, Kap. V., S. 38.
24 Brant, *Beschreibung*.
25 Joachimsen 1910, S. 66.

Aber selbst der tief in historischen Forschungen vergrabene Beatus Rhenanus (1485–1547) erzählte im dritten Buch seines Werkes vom zeitgenössischen Deutschland, von der Geschichte und den Eigenheiten seiner elsässischen Heimat, von den Schönheiten Basels und den jüngsten Ereignissen in Schlettstadt, seinen beiden Wirkungsstätten – obwohl es ihm, in seinen eigenen Worten, doch eigentlich ›mehr darum zu tun‹ sei, ›Erkenntnisse über die alte Zeit zu gewinnen als über Neues zu schreiben‹.[26] Das zeigt: Auch die gelehrte Vergangenheitsrecherche war für diese deutsche Humanistengeneration Erkundungsarbeit im Feld ihrer eigenen nationalen Geschichte, Geographie, Ethnologie und Sprache. So auch für den Nürnberger Patrizier und Juristen Willibald Pirckheimer (1470–1530), der in der Widmung seiner namensgeschichtlichen *Explicatio* (gedr. 1530) seine Hoffnung beschrieb, dass andere Gelehrte *»unser Germanien genauer erhellen, als wir es getan haben. Was ist nämlich widersinniger, als dass die Deutschen die ganze Welt beschreiben, aber unterdessen ihr eigenes Vaterland in keiner Weise vor dem Vergessen retten«.*[27]

Unnötig zu sagen, dass dabei auch die alten Germanen ausgiebig gewürdigt werden mussten. Ihre Erwähnung bei Tacitus war schließlich die Garantie, dass es das heutige Germanien, ›Deutschland‹ als kulturelle Größe, wirklich gab. Konrad Celtis hatte ihnen in der *Germania generalis* ein eigenes Kapitel gewidmet, Bebel und Wimpfeling taten es ihm nach, Cochlaeus begann seine Deutschlandbeschreibung mit ihnen, beschwor ihre Indigenität und pries ihre militärischen und moralischen Tugenden, Rhenanus widmete ihnen sein ganzes erstes Buch etc. Das entsprach der historiographischen Ausrichtung der Zeit, rückte aber vor allem den Gegenstand *Germania* durch seine heroische Vergangenheit in ein besonderes Licht. Wenn dann etwa Heinrich Brant die ›Weite und Größe‹ Deutschlands herausstrich und Cochlaeus betonte, kein Land in Europa sei seiner Meinung nach größer als Deutschland, dann diente das dem gleichen glorifizierenden Zweck. Auch das Deutungsmuster von der kulturellen Nation war immer eine Größenphantasie und verstand sich in Konkurrenz zu anderen Nationen.

Ich habe dies alles so ausführlich referiert, weil es zeigt, mit welcher Intensität deutsche Humanisten erhebliche schriftstellerische Energien über zwei Jahrzehnte hinweg auf dieses Projekt verwandten und für sich und ihre Leser ein Bild ›ihres‹ Vaterlandes entwarfen –

26 Rhenanus, *Rerum Germanicarum*, S. 333.
27 Pirckheimer, *Explicatio*, S. 520.

Albrecht Dürer: Willibald Pirckheimer, Kohle auf Papier, 1503.

Willibald Pirckheimer (1417–1530), Humanist, Jurist, Bürgermeister im Nürnberger Rat und als Gesandter für die Stadt tätig, Mitglied des Beraterkreises von Maximilian I. Er war Mittelpunkt, Berater und Mäzen des Nürnberger Humanistenkreises um Konrad Celtis und Albrecht Dürer, mit vielfältigen Kontakten zu Humanisten in Deutschland und Italien, war aber auch selbst mit zahlreichen Übersetzungen und Publikationen als Gelehrter, Übersetzer und auch öffentlich als streitbarer Kulturpublizist tätig.

dessen Elemente sie in ihrer Umwelt fanden, das in dieser Form aber nur in ihrer kollektiven Phantasie existierte. Und mit dem sie sich einen gemeinsamen, eigenen Ort erschrieben, einen vielgestaltigen und doch umgrenzten geographischen Raum, eine eigene, säkulare Kultur und eine konkurrenzfähige Position zwischen den anderen Nationen Europas.

*

Bei dieser Arbeit war es einerseits zu durchaus heftigen nationalistischen Indienstnahmen gekommen, wie etwa bei der Behauptung, Gutenbergs Erfindung des Buchdrucks mit beweglichen Lettern ab 1450 sei eine spezifisch ›deutsche‹ Leistung gewesen – ein immer wieder verwendetes Diktum, das die ethnozentrische Vorstellung transportierte, wir, die Deutschen, seien seit den Germanen auch handwerklich ein besonders geniales, andere übertreffendes Volk. Chauvinistische Töne schlugen auch die Elsasser – Konrad Wimpfeling, Sebastian Brant und Hieronymus Gebwiler – an, die sich an der Westgrenze Deutschlands in einem heftigen, seit Jahrhunderten währenden ›nationalen‹ Kampf mit Frankreich sahen. Bei ihnen und bei

Heinrich Bebel waren es vor allem die politischen Auseinandersetzungen des Jahrhundertanfangs, also die immer wieder neu beschworene ›Türkengefahr‹ und die Loslösungsbestrebungen der Schweiz, die sie als Bedrohung ›Deutschlands‹ wahrnahmen und auf die sie in Schriften und Briefen mit dem aggressiven Vokabular des politischen Nationalismus antworteten. Allerdings hatte der nun einen anderen Charakter bekommen, denn nun waren es nicht mehr Herrscherhäuser, sondern Völker, die die verfeindeten Nationen ausmachten. Wimpfeling konzipierte in der *Epitome* den Entwurf einer Geschichte des deutschen Volkes von den Germanen bis heute; Heinrich Bebel folgte ihm darin, nationalisierte auch die mittelalterliche Geschichte und verteidigte in heftigen Streitschriften die Größe und die Macht des deutschen Volkes (und der Schwaben, seines eigenen Stammes), dem ein Platz über allen anderen Nationen gebühre. Auffällig ist auch die marginale Rolle, die in den Deutschlandbeschreibungen Kirche und Christentum spielen. Die Gotteshäuser in den Städten wurden von den Autoren nicht als Orte religiöser Zusammenkunft beschrieben, sondern als Zeugen säkularer, nationaler Größe.

Andererseits hatte die begierige Suche nach einer respektablen Vergangenheit Deutschlands zu soliden und bis heute nachwirkenden Erkenntnissen geführt – zum Beispiel zur Wiederentdeckung mittelalterlicher Literatur. Schon 1495 hatte der humanistische Benediktinerabt Johannes Trithemius (1462–1516) im pfälzischen Sponheim, von Jakob Wimpfeling angeregt, einen *Cathalogus illustrium virorum Germaniae* zusammengestellt, in dem er z.B. Otfrid von Weißenburg wegen seiner Verdienste für die deutsche Sprache lobte. 1501 hatte Konrad Celtis die von ihm aufgefundenen Werke der Hroswitha von Gandersheim herausgegeben, 1507 hatte Konrad Peutinger (1465–1547), wohlhabender Syndikus und Stadtschreiber in Augsburg, den *Ligurinus*, ein Barbarossa-Epos vom Ende des 12. Jahrhunderts, ediert. Peutinger war es auch gewesen, der, auf den Forschungen von Trithemius aufbauend, eine ausgedehnte Sammlung von Handschriften, Abschriften und Drucken mittelalterlicher Schriftsteller anlegte. Bewusst, in Zusammenarbeit mit Kollegen und mit erheblichem Aufwand an Zeit und Geld, arbeitete er an einer Aufwertung des Mittelalters. Er leitete damit einen der zentralen historiographischen Paradigmenwechsel der europäischen Kulturgeschichte ein,[28] mit dem das von Petrarca verhängte Verdikt über das ›kulturlose Mittelalter‹ aufgehoben wurde und aus dessen Dun-

28 Goerlitz 2013.

kel allmählich Jahrhunderte hervorzutreten begannen, in denen ›die Deutschen‹ nicht nur ›deutsche‹ Kaiser gehabt, sondern auch eigene, bedeutende Schriftsteller und Schriftstellerinnen hervorgebracht hatten. Mit ihrem nationalen Forschungseifer haben die Humanisten einen ersten Grundstein gelegt für das heutige Mittelalterbild und beigetragen zur Sicherung wertvollen Quellenmaterials.

Der Nationalismus der deutschen Humanisten war auf dem Gebiet schriftstellerischer Vorbildersuche besonders produktiv; er hat aber auch in der Ethnologie, Landeskunde und Sprachwissenschaft zu wichtigen Erweiterungen kollektiven Wissens geführt. Dem neuen Deutungsmuster der Nation kam dabei besondere Bedeutung zu. So hat denn auch Konrad Celtis in den *Amores* den Rhein als deutschen Strom beschrieben, als erster in einer langen Reihe »nationalpolitischer« Texte.[29]

Gewiss, der humanistische Nationalismus ist nicht in Deutschland erfunden worden, sondern in Italien. Er hatte dort, seit Dante und Petrarca, eine eigene, lange Entwicklungsgeschichte gehabt. Aber die, die sich jetzt an seiner Weiterentwicklung beteiligten, haben das, was ihre italienischen Kollegen begonnen hatten und was ihnen vielfache Vorbilder bot, nicht einfach weitergeschrieben, sondern es zu ihrem eigenen Projekt gemacht. Hier haben hoch ausgebildete Intellektuelle für sich und ›alle Deutschen‹ (wer auch immer das war – dazu später) eine neue Form gesellschaftlicher Zugehörigkeit und kollektiven Selbstverständnisses entworfen, indem sie die Welt, in der sie lebten, unter dem neuen Postulat ihres nationalen Zusammenhangs genauer als bisher in den Blick nahmen und beschrieben.

*

Es ist nur eine kleine Gruppe deutscher Humanisten gewesen, die sich an diesen Arbeiten beteiligt hat. Die meisten hatten andere Interessen und sahen dem, was ihre Kollegen da betrieben, mehr oder weniger distanziert zu. Mit einigen von ihnen, auch prominenten, kam es zu Auseinandersetzungen. Der Prominenteste unter ihnen war Erasmus von Rotterdam (1466/67/69–1536). Die Nationalisten bewunderten ihn als den größten lebenden Humanisten und versuchten ihn als ›Deutschen‹ für sich zu reklamieren. Als er 1514 von den Niederlanden nach Basel reiste, begleiteten ihn Wimpfeling, Brant und Gebwiler als deutschen ›Nationalhelden‹ in einem Triumphzug

29 Kühlmann 1979, S. 1009.

nach Straßburg.[30] Sein überschwängliches Dankesschreiben für den Empfang ging weit über die übliche übertreibende Lobtopik für solche Anlässe hinaus. Erasmus pries die nationalen Bestrebungen der Elsässer, schrieb von ›unserem Deutschland‹ und benannte sich selbst ausdrücklich als ›Deutschen‹ unter Deutschen. Es ist, als ob für einen Augenblick das dringliche Angebot der Elsässer, sich auch als Teil einer solchen Gemeinschaft der Deutschen zu sehen, selbst ihn, den Individualisten und bekennenden Europäer, nicht unbeeindruckt gelassen hätte.

Das war es dann aber auch. Weitere, zum Teil heftige Einladungen, sich öffentlich als Deutscher zu bekennen, lehnte er entschieden ab, zur Enttäuschung und zum Ärger etwa von Bebel oder später von Hutten. Erasmus sah sich dann als Mitglied der weiten internationalen Gemeinschaft der Gelehrten seit der Antike, und das zu Recht. Die nationale Gemeinschaft der ›Deutschen‹, die ihm da angetragen wurde, war ihm zu provinziell.

Wesentlich schärfer, wenn auch nicht so schmerzhaft, war die Nationalismus-Kritik des Straßburger Franziskanermönchs und streitbaren Predigers Thomas Murner (1475–1537), der schon 1502/03 einen harten öffentlichen Streit über die nationale Zugehörigkeit des Elsass mit Jakob Wimpfeling und dessen Gesinnung losgebrochen hatte. Auch Murner kritisierte dabei die Verengung nationalistischer Identitätsbestimmungen. Grundsätzlicher als Erasmus verwies er dabei auf das fragwürdige Subjektkonzept der Germanophilen. Der Irrtum der Leute, die da so verbissen um den deutschen Charakter des Elsass kämpften, diese ganze ›Täuschung unserer Gegner kommt daher, dass sie glaubten, derselbe Mensch könne nicht zugleich für einen Franzosen und für einen Deutschen gelten‹, *ex eo tamen omnis adversae partis deceptio, quod ut non possit idem Gallus atque Germanus haberi arbitrantur.*[31] Und mit einer deutlichen Wendung gegen den Urheber dieses nationalen Konzepts bezeichnete er sich selbst in einem Brief an Wimpfeling als *Germanus et Gallus.*[32] Es musste wie ein Schlag ins Gesicht von Konrad Celtis wirken, der sich selbst als *Germanus* bezeichnete.

Wir sprechen heute davon, wie problematisch Identitätsfixierungen auf eine einzige nationale oder kulturelle Zugehörigkeit sind und wie viel richtiger es ist, generell von multinationalen und hybriden

30 Hirschi 2005, S. 292 f. – bei ihm ausführlich die Situation, allerdings mit anderer Interpretation.
31 Borries 1926, S. 208/9, übers. von Borries.
32 Borries 1926, S. 35.

Identitätskonzepten auszugehen. Schon um 1500 konnte das von einem klugen, nüchternen Kopf so gesehen werden – zwar nicht in Form eines theoretischen Konzepts, aber praktisch-konkret und als politische Einsicht von grundsätzlicher Bedeutung. Die konzeptionelle Fragwürdigkeit des Nationalismus war bereits in der Phase seiner Entstehung zu erkennen. Auch dies wäre ein Argument für einen Nationalismusbegriff seit dem deutschen Renaissancehumanismus bis heute.

Themen und Funktionen

Vom kulturellen Frühnationalismus habe ich bisher nur über die Geschichte seiner Entstehung berichtet; von seinen Eigenschaften ist bei dieser historiographischen Darstellung nur dasjenige in den Blick gekommen, was wichtig war, um ihn vom frühen ›politischen‹ Nationalismus zu unterscheiden. Das soll im folgenden, stärker systematisch orientierten Kapitel nachgeholt werden.

Ich kann das mithilfe von drei vertrauten Begriffen tun, die in Kombination miteinander, als konstituierende Konfigurationen, die spezifische Form ausmachen, in der der Nationalismus seit damals die Welt deutet und für Individuen und Gruppen anziehend ist. Es sind dies die ›kulturellen‹ Themen »Herkunft«, »Vaterland« und »Gemeinschaft«, die auf unterschiedliche Weisen seine Weltdeutung definieren. Eine eigene, meist weit in die Vergangenheit zurückreichende Herkunft zu haben, verleiht einer Nation eine historische Tiefendimension. Die eigene Nation als ›Vaterland‹ zu bezeichnen, gibt ihr eine persönliche, emotionale Qualität, und dass Nationen eine bestimmte Form menschlicher Gemeinschaft darstellen, ist sozusagen ihre Grundqualität. Vielleicht ist es die Selbstverständlichkeit dieser Tatsache gewesen, die dazu geführt hat, dass gerade der letzte Punkt in der geschichtswissenschaftlichen Beschäftigung mit dem Nationalismus wenig untersucht[33] und dass die spezifische Vergemeinschaftungsform von Nationen und deren Bedeutung für ihre Mitglieder erst in neuerer Zeit und durch soziologische und kulturwissenschaftliche Analysen ins Zentrum gerückt worden ist.

Alle drei verknüpfen den frühen kulturellen Nationalismus mit dem modernen – in dem dann allerdings das politische und das kulturelle Moment andere Verbindungen miteinander eingegangen sind,

33 Ausnahmen bilden z.B. Lemberg 1964; Isenmann 1989.

als es in der Frühzeit der Fall war. Das ist bereits in den nationalistischen Texten von Ulrich von Hutten so. Davon später mehr.

Auch hier bildet die Fahrmeir'sche Definition des Nationalismus den Rahmen der Beschreibung, wobei jetzt die Frage ein besonderes Gewicht bekommt, worin der von ihm betonte ›Wert‹ für die Individuen besteht. Das bedingt jetzt eine andere, stärker hermeneutisch angelegte Darstellung als bisher.

Eine eigene Herkunft

Bekanntlich waren es die sogenannten ›Germanen‹, die von den Humanisten im fünfzehnten und sechzehnten Jahrhundert für die Vorfahren der ›Deutschen‹ gehalten wurden – eine Vorstellung, die sich bis in die nationalistischen Traditionen des neunzehnten und zwanzigsten Jahrhunderts gehalten hat. Sie gilt heute als Mythos. Schon das Bild der Germanen als eines einheitlichen Volkes bei Tacitus war eine Konstruktion gewesen. Und die Annahme der Humanisten, dort die eigenen Vorfahren gefunden zu haben, beruhte auf einer höchst subjektiven »Germanisierung« der Germanen.[34]

Es ist oft als Ironie der historischen Entwicklung bezeichnet worden, dass es gar nicht die Deutschen selbst waren, die die Germanen als ihre Vorfahren entdeckt hatten, sondern dass italienische Humanisten ihnen diese Herkunft zuschreiben mussten. Enea Silvio Piccolomini und Giannantonio Campano hatten zu den ›Türkenreichstagen‹ von 1453 und 1471 jeweils flammende Reden verfasst, in denen sie den versammelten deutschen Ständen ihre angeblich über alle Maßen tapferen, kampfeswilligen und opferbereiten Vorfahren vorhielten, um sie dazu zu animieren, den Kaiser in seinen geplanten Feldzügen gegen ›die Türken‹ zu unterstützen. Das ist ja auch nicht falsch, es verkennt nur die Unterschiede. Den deutschen Humanisten, die diese Anregung aufgriffen, war es nicht um einzelne Tugenden ihrer Vorfahren gegangen, sondern um die Existenz eines Volkes, in dem sie sich selbst als Nation erkennen und definieren konnten.

Den Anfang dieser Geschichte hat Konrad Celtis gesetzt. Am Ende des Jahrhunderts, als Anhang zu seiner zwischen 1498 und 1500 erschienenen Tacitus-Ausgabe, veröffentlichte er einen kurzen Text, insgesamt 284 Verszeilen, die oben schon erwähnte »*germania ge-*

34 Mertens 2004 b.

neralis«, die erste moderne Deutschlandbeschreibung seit Tacitus.[35] Dort widmete er eingangs den Germanen ein eigenes Kapitel, beschrieb sie als ein bodenständiges, starkes und selbstbewusstes Volk, das sich von Jagd und Ackerbau ernährt, viele Kunstfertigkeiten gepflegt und hohen moralischen und religiösen Standards genügt habe. Seine schlechten Eigenschaften – eine unangenehm klingende Sprache, Trunksucht und Rauflust – hat er dabei nicht verschwiegen, aber stilistisch abgemildert und ins Positive gewendet. Und wie selbstverständlich beschrieb er die Germanen als die Vorfahren der heutigen Deutschen.

Der Text hatte eine enorme Wirkung. 1502, in den *Amores*, hat Celtis ihn erneut veröffentlicht, bis 1511 hat er weitere Auflagen erlebt und ist bin ins 17. Jahrhundert nachgedruckt worden. Er hat die im vorigen Kapitel beschriebene Reihe von Deutschlandbeschreibungen angeregt; seine 42 Verszeilen über die Germanen in seinem Eingangsteil können als die Geburtsurkunde des deutschen Germanenmythos bezeichnet werden, der die Geschichte des deutschen Nationalismus bis in die Gegenwart bestimmt.

Nun waren Herkunftserzählungen um 1500 nichts Besonderes. Im Mittelalter hatte es kaum Adelsgeschlechter, Bistümer, Klöster oder Städte gegeben, die sich nicht mit langen und prominenten Ahnenketten geschmückt hätten, am besten noch im Anschluss an die biblischen Erzählungen von den drei Söhnen Noahs, von denen die (Ur-) Völker der Erde hergeleitet wurden. Aber das waren Instrumente, um die Macht einer realen Institution oder eines bestehenden Sozialverbandes zu repräsentieren. Doch das ›Deutschland‹, dem jetzt von Celtis eine germanische Vergangenheit angedichtet wurde, war der imaginäre Entwurf eines neuen Sozialverbandes mit einem ungeklärten Verhältnis zur bestehenden Realität. Was Celtis hier betrieb, war auch kein legitimierender Rückgang innerhalb der mittelalterlichen Geschichte, sondern ein Sprung über das dunkle, ›kulturlose‹ Mittelalter hinweg in die Welt der Antike. Er konnte sich dabei nicht auf vorhandene Geschlechterketten oder Gründungsurkunden stützen; er setzte keine historiographische Tradition fort, sondern begründete eine neue. Er wollte mit seiner Konstruktion einer genuinen deutschen Vergangenheit einen radikalen historischen Neuanfang legitimieren.

Herkunftserzählungen waren auch kein Spezifikum des Mittelalters. Sie gelten heute, seit Eric Hobsbawms Buch über »erfundene

35 Müller 2001.

GERMANIA

P er varias reditura vices & longa per æuũ
C ompleat æterno mũdus ſua ſecula curſu
I lla iubente deo rapidis qui præſidet aſtris
DE SITV GERMANIAE ET MO
RIBVS IN GENERALI
g Ens inuicta manet toto notiſſima mundo
Terra vbi ſe deuexa globo demittit ĩ Arctõ
S olis & algoris patiens duriqȝ laboris
I ngrata ignauam vitæ tollerare quietem
I ndigena. haud alia ducens primordia gente
S ed cœlo producta ſuo Demogorgonis aluus
P rotulerat: patulas vbi cuncta creata ſub auras
G ermanos vocitant Latii. Graii ſed adelphos
Q uod fratrũ ſoleant inter ſe viuere more
N omẽ nobilibus quod adhuc venerabile noſtris
P ectoribus ſimiles ingentes corporis artus
P rodiga cui natura dedit per lacteacolla
C andida proceris tollentes corpora membris
F laua coma eſt: flauent oculi: flauoqȝ colore
T emperie iuſtã retinent ſua membra ſtaturam
V oxqȝ habitũ mentis cũ geſtu & pectora prodit
V ox quæ nil muliebre ſonat ſed tota virilis
M artia craſſiloquo teſtatur corda palato
C ommune his ſtudiũ venari: equitare: vagari
A tqȝ ſuũ varias victum queſiſſe per artes
V el Bachũ viduis creſcentẽ iungere palis
A ruaqȝ quadriiugo ꝓſcindere pinguia aratro
N ec patrio tepuiſſe ſolo iuuenilibus annis
S ed mox doctiloquæ præcepta adiiſſe mineruæ
V el vaga veliferas duxiſſe per æquora naues
A tqȝ ſuis terris varias adducere merces
N ec cenſere nephas animũ intendiſſe rapinis
D um fera belligeri meditant̃ prælia martis
A tqȝ illum regũ celſas queſiſſe per aulas
Q uatuor ad fines quas teutonis ora coercet

Anfang des Abschnittes über die Germanen. In: Amores, 1. Buch.

Inschrift: *DE SITU IGERMANIAE ET MORIBUS IN GENERALI.*
Das kurze Kapitel über die antiken Germanen, mit seiner an den Titel von Tacitus' »Germania« angelehnten Überschrift, ist sofort zum Initialtext des kulturellen deutschen Frühnationalismus und zum Grundtext der deutschen Germanophilie geworden.

Traditionen«, als zentrales Merkmal nationalistischer Gesellschaftskonzeptionen. Hobsbawm hatte die »invention of tradition« als eine Historikern vertraute gesellschaftliche Erscheinung beschrieben, die verstärkt immer dann zu erwarten sei, »wenn eine rasche Transformation der Gesellschaft alte, vertraute Verhaltensmuster schwächt oder zerstört«.[36] Auf die nationalistischen Herkunftserzählungen zugeschnitten heißt das dann: »Das Erfinden von gar nicht oder so nicht existierenden Traditionslinien der Nation in die Vergangenheit ist ein entscheidendes Hilfsmittel zur Überwindung des großen Bruchs beim Übergang (traditionell-personaler Gesellschaften) in die Moderne.«[37] Dies dürfte auch um 1500 die wichtigste Funktion gewesen sein, die die symbolische Konstruktion der ›Germanen‹ für Celtis und seine Humanistenkollegen besaß. Sie hatten individuelle und gruppenspezifische Erfahrungen mit den Transformationsprozessen ihrer Epoche gemacht; nun ging es ihnen offenbar darum, ihrem als neu gewussten literarischen Projekt einer nationalen Kultur Legitimität und einen benennbaren Ort im Gang der Weltgeschichte zu verschaffen.

*

Konrad Celtis' Suche nach einem solchen Ort ist nicht geradlinig verlaufen. 1484 hatte er im Apoll-Gedicht nicht etwa auf die germanische, sondern auf die griechische Vergangenheit zurückgegriffen, um seiner Vision einer anspruchsvollen deutschen Literatur eine historische Herkunft zu sichern. Und noch 1495 war es die italienische Antike gewesen, die er mit Verweis auf Horaz zum Maßstab für die künftige deutsche Kulturnation erklärte. Erst danach wurden es die Germanen, die er zu Vorfahren der Deutschen bestimmte.

Dass dies im Anhang der Tacitus-Ausgabe geschah, kann als signifikant gelten. Es war überhaupt erst die zweite nördlich der Alpen gewesen, mit ihr wurden die *Germania*-Drucke »allein eine Sache des Nordens«[38] und begann die Breitenwirkung von Tacitus' Schrift. Und Celtis hat seine (erst später so genannte) *Germania generalis* durch ihren Titel, *De situ et moribus Germaniae additiones*, in deutlichen Bezug zu Tacitus' *De origine et situ Germanorum* gesetzt. Denn mit dem Auftauchen von Tacitus' Werk war die Zeit vorbei,

36 Hobsbawm 1983, S. 4.
37 Stauber 2019, Kap. 2.1.
38 Mertens 2004 b, S. 61.

in der Gelehrte um 1500 sich ein Bild der Germanen aus den unterschiedlichen Erwähnungen antiker Schriftsteller zusammensetzen mussten. Hier hatte der römische Autor, der als unantastbare historiographische Autorität galt, das Nachbarvolk der Römer in einer eigenen Abhandlung als eine politische, kulturelle und moralische Macht dargestellt, vor der auch die Römer sich fürchten und die sie achten mussten. Das muss auf Celtis wie eine Erleuchtung gewirkt haben: Die deutsche Nation, über die er seit Langem geschrieben und für deren Literatur und Kultur er gearbeitet und geworben hatte, war kein bloßes Wunschbild gewesen. Es gab sie wirklich, denn sie hatte eine beglaubigte Frühgeschichte, die bis in die Antike zurückreichte. Und das war eine deutsche Geschichte. Wenn es schon keine gesicherte Zukunft gab für das nationale Projekt, dann konnte doch diese gesicherte Vergangenheit das Reden und Schreiben über ›Deutschland‹ auf feste Füße stellen.

Mit dieser Bestätigung im Rücken verfasste Celtis zu Beginn seiner Deutschlandbeschreibung sein Germanen-Porträt, dem er nicht umsonst den größtmöglichen Rahmen gab. Er bettete es ein in eine eigene Erzählung vom Gang der Weltgeschichte, sprach diesem Volk eine Herkunft aus dem mythischen Ursprung der Welt und zugleich eine unmittelbare Identität der Germanen mit den heutigen Deutschen zu und koppelte diese Behauptung einer kollektiven germanischen Herkunft aller Deutschen an seine Vision eines gemeinsamen nationalen Territoriums, auf dem die Germanen gelebt hätten und das heute den Deutschen als ihr Vaterland gelte. Diesem deutschen Vaterland anschauliche Gestalt zu geben, war der Sinn der *Germania generalis*.

Celtis' Nachfolger haben an diesem Mythos, den sie für Realität hielten, nach Kräften weitergestrickt. Keine Deutschlandbeschreibung, die einleitend nicht knapper oder ausführlicher, oft aber sehr ausführlich, auf die Vorfahren der heutigen Deutschen eingegangen wäre. Während allerdings Celtis mehr die Existenz dieses Volkes in den Mittelpunkt gerückt hatte, wenn auch auf einzelne Charakterzüge zugespitzt, stellten sie ihre Darstellung wiederum stärker auf die Glorifizierung der Germanen ab – und darauf, deren Besonderheiten (›unvermischt‹ oder ›tugendhaft‹ oder ›unbesiegt‹ etc.) auch für ihre zeitgenössischen Deutschen in Anspruch zu nehmen. Denn das hieß: Wer immer in seinen Texten von ›unserem‹ Deutschland schrieb, beschrieb auch sich selbst als einen, der Teil hatte an der Reinheit, der Tugendhaftigkeit und der Unbesiegbarkeit der Germanen und damit auch an der Bedeutung und der Größe der deutschen Nation.

Der epochale Sieg der Germanen über die Römer durch den Cheruskerfürsten Arminius, den Celtis gar nicht erwähnt hatte, spielte denn auch in den Texten der späteren Geschichtsschreiber eine große Rolle.

Da mochten italienische Gelehrte noch so hämisch – und quellengestützt – auf die primitive Lebensweise der prähistorischen Germanen zeigen, auf deren ›barbarisch‹ klingende Sprache, ihre ›Raufsucht‹ oder ihre Liebe zum Bier, was alles doch schwere Schatten werfe auf ihre deutschen Nachfahren – ihre deutschen Kollegen ließen sich nicht beirren, zogen andere Quellen heran und verwiesen letztlich auf die Christianisierung der Germanen, was ihnen nicht nur den rechten Glauben gebracht, sondern ihnen auch den Zugang zu einer höheren Zivilisationsstufe eröffnet habe, von der die Gegenwart profitiere. Konrad Celtis hatte in der *Norimberga* von 1502 die Christianisierung der Germanen sogar auf die keltischen Mönche zurückgeführt, um das italienische Rom ganz aus dem Spiel zu nehmen und die frühe Vergangenheit der Deutschen strikt im Raum nördlich der Alpen zu situieren.

*

Celtis hatte aber offenbar noch einen weiterreichenden Aspekt im Sinn. Die postulierte Herkunft der Deutschen von den Germanen barg ja ein Problem, nämlich das der nicht vorhandenen Kontinuität. Es gab keine manifesten Verbindungen zwischen damals und jetzt. Die Italiener hatten die römische Literatur und deren griechische Wurzeln, an die sie sich halten konnten, wenn sie nach ihrer Herkunft fragten. Von den Germanen aber gab es keine greifbaren Zeugnisse; erst nach 1500 haben Humanisten systematisch nach ihnen gesucht und wurden dabei fündig. Celtis nun konstruierte diese Kontinuität über das Territorium, auf dem die Deutschen lebten. Weil die antiken Germanen einst eben dort gelebt hatten, wo die Deutschen heute leben, konnten sie, so das Konzept, als deren Vorfahren gelten und die Deutschen konnten wiederum die Tugenden der Germanen als die ihren in Anspruch nehmen. Es war der gemeinsame Boden, der die Deutschen der Gegenwart über den historischen Bruch des Mittelalters hinweg mit ihrer germanischen Vergangenheit verband.

Das Argument hatte zugleich eine politische Bedeutung, die vor allem an der Westgrenze Deutschlands aktuell war, wo es darum ging, das linke Rheinufer mit Straßburg gegen französische Ansprüche als ›immer schon deutsch‹ auszuweisen. Da war das geographische Argument von zentraler Bedeutung. Das galt nicht nur für Wimpfeling: Auch der Augsburger Stadtschreiber und Diplomat Konrad Peutinger hat 1504 eine lange Abhandlung darüber verfasst, dass das Elsass von alters her deutsch gewesen sei.[39] Und Willibald Pirckheimer in Nürnberg hat (neben seinen vielen sonstigen beruflichen und literarischen Tätigkeiten) mit großem Spürsinn Orts-, Gebirgs- und Flussnamen Deutschlands in ihren antiken wie in ihren zeitgenössischen Formen gesammelt und damit das Territorium (und die Sprache) als Verbindung zwischen damals und heute beschrieben.[40] Die meisten anderen, angefangen mit Heinrich Bebel und Jakob Wimpfeling, haben die Kontinuität vor allem über das Ethnos konstruiert, über eine Kette angeblich ungebrochener Abstammung deutscher Könige und/oder deutscher Stämme, und alle haben die gemeinsame Sprache erwähnt.

Celtis hatte in seinen knappen Zeilen nur eine Skizze vom ›Volk‹ der Germanen entworfen, zusammengesetzt aus Tacitus, weiteren antiken Quellen und selbst erfundenen Charakterzügen. Die späteren Geschichtsschreiber haben die *Germania* gründlicher exzerpiert, weitere Autoritäten herangezogen und das Bild nach den verschiedensten Seiten hin erweitert und gegen Kritik verteidigt. Darüber, und über ihren Streit mit den italienischen Kollegen, ist im Einzelnen viel geforscht und geschrieben worden. Im Überblick lassen sich Schwerpunkte ihres Interesses und Zentren ihres Identifikationsbedürfnisses mit den Begriffen Tugend, Einigkeit und Macht beschreiben. Da ich die beiden letzteren in den folgenden Kapiteln mitbehandeln werde, konzentriere ich mich in diesem darauf, nach der Bedeutung der germanischen Tugenden für das nationale Projekt der Humanisten zu fragen.

*

In Zeiten verstärkten gesellschaftlichen Wandels werden die sozialen und politischen Veränderungen von den Zeitgenossen oft als Verfall von Sitten und Moral erfahren. Auch im 14./15. Jahrhundert gab es ein vielfältiges Schrifttum, in dem kirchliche und weltliche Autoren einen solchen Verfall in ihrer Gegenwart anprangerten und eine Rückkehr zu strengeren Sitten forderten. Auf eine vergleichbare Weise hatte einst bereits Tacitus die Zustände im römischen Staat sei-

39 Peutinger, *Sermones conivales.* Mertens 2004 c. S. 307ff., 311ff.
40 Pirckheimer, *Explicatio.*

ner Zeit als moralischen Niedergang dargestellt und seinen Römern mit den Germanen ein Bild ursprünglicher Sittsamkeit, Einfachheit und Stärke vor Augen gestellt. Die national gesinnten deutschen Humanisten griffen diesen Aspekt seines Buches mit großer Verve auf und verteidigten ihn gegen jeden Hinweis auf die zivilisatorische Rückständigkeit der Germanen. Am deutlichsten sichtbar wird dieser Aspekt am Beginn der Tradition, in einer großen Elegie von Konrad Celtis,[41] mit der das Tacitus-Schema – ursprüngliche Natur vs. verderbte Zivilisation, germanische Sittenreinheit vs. sexuelle Unmoral der Gegenwart – seinen Zug durch die deutsche Kulturgeschichte antrat und seither immer wieder Zeit- und Moderne-Kritik in sich aufnehmen, bündeln, zuspitzen und an eine neue Schriftstellergeneration weiterreichen sollte.

Der fiktive Autor dieses Ich-Gedichtes berichtet darin verzweifelt von der Luxussucht und der erotischen Leichtfertigkeit seiner derzeitigen Geliebten Elsula, die ihm Anlass geben zu einer weit ausholenden und facettenreichen Gegenwartskritik. Er beginnt beim konkreten Anlass seines Leidens, Elsulas Kleiderluxus und frivole Freizügigkeiten, zieht dann in mehreren Anläufen gegen das neuzeitliche Geldwesen zu Felde, gegen die wuchernde Steuer und Abgabenflut, die drückende Juristen- und Ärzteherrschaft und die wachsende Geldgier von Fürsten und Priestern. Und er vergleicht dabei stets die verderbte gegenwärtige Gesellschaft mit den alten Germanen – mit ihrer angeblich einfachen, naturnahen Lebensweise, ihren reinen Sitten und ihrer schlichten, gastfreundlichen, auf personale Beziehungen gegründeten Sozialordnung.

Auch eine solch herbe Zeitkritik war an sich kein Unikum. Klagen über Modernisierungserscheinungen der Gegenwart, über Sittenverfall, aufgeblähte Justiz, geldgierige Ärzte, zerstrittene Fürsten, räuberische Geistliche und über die negativen Folgen des Frühkapitalismus: Geldverkehr, Zins und Wucher, hatten sich im Spätmittelalter gehäuft, bei geistlichen wie bei weltlichen Schriftstellern. Und selbstverständlich haben die Autoren dabei auf den reichen Schatz antiker Lasterkataloge und Sittenlehren zurückgegriffen, ihn für ihre Zwecke benutzt und aktualisiert. Die jeweiligen Bezugnahmen auf die entsprechenden realen gesellschaftlichen Erfahrungen waren dabei für Autoren und Leser deutlich erkennbar. In Celtis' Elsula-Ode begegnen diese Kritikpunkte in großer Präzision und Dichte.

Sie stehen dort allerdings in einem neuen Bezugssystem. Der tra-

41 Celtis, *Am* 2,9.

ditionelle Maßstab für Sittenkritik waren die Bibel und die Schriften der Kirchenväter, er lag außerhalb des Zugriffs der Individuen – in Celtis' Text waren es jedoch die Lebensweise und die Ursprungsnähe der eigenen germanischen Vorfahren, er lag in der gemeinsamen Natur der Nation.

Dementsprechend kamen bei ihm die Übel nicht von innen, aus der sündhaften Natur des einzelnen Menschen, sondern sie kamen von außen, sie waren eingeschleppt worden durch die moderne Zivilisation, von der die Germanen noch frei gewesen waren und die Celtis hier mehrfach mit nationalistischer Metaphorik beschrieb als eine Bedrohung für den Kollektivkörper der Germanen durch Eindringlinge aus einem anderen Land. In ursprünglicher Sittenreinheit hätten die Germanen gelebt – im historischen Rückblick ein Idealbild deutschen Daseins in den unberührten Gefilden der eigenen Vergangenheit. Deshalb seien sie verschont geblieben von der Lüsternheit und den sexuellen Perversionen der Gegenwart, die im Text vom Autor mit drastischen Bildern gegeißelt werden und in deren Angesicht er fürchtet, dass die ›Seuche‹ des Analverkehrs, von Italien kommend, sich auch ›bei uns einschleicht‹.[42] Das Bild von der eingeschleppten Seuche, das Celtis aus dem aufkommenden Syphilis-Diskurs der Zeit hier auf sexuelle Praktiken übertrug, wird durch weitere Vorstellungen ergänzt. Die Germanen hätten in einer autarken Wirtschaftsform gelebt und alles, was sie zur Ernährung brauchten, auf eigenem Boden, d.h. ›zu Hause‹ (*patrio*) angebaut – so seien sie auch verschont geblieben von [fremdländischen] Gewürzen wie Ingwer, Pfeffer, Safran und Zimt. Die solche Waren vertreibenden Kaufleute aus der Welt da draußen seien gar nicht erst zu ihnen hereingekommen.

Es passt zu dieser Metaphorik, wenn gleich darauf wieder einmal die ›Deutschland‹ umgrenzenden Flüsse genannt werden und von Grenzkämpfen die Rede ist.[43] Konrad Celtis beschreibt die Germanen mit affektiv besetzten Körperphantasien, er imaginiert sein Germanien als einen geschlossenen deutschen Kollektivkörper, der durch fremde Eindringlinge von außen bedroht wird – das von Tacitus beschriebene Germanien als Projektionsraum für die Wunschvorstellung von einem geschlossenen, eigenen Vaterland.

Zu einer so genau ausgearbeiteten Entgegensetzung von einer von Veränderungen heimgesuchten Gegenwart und einer von all dem verschonten Welt der Germanen ist es bei den Nachfolgern von Celtis

42 Celtis, *Am* 2,9, V. 57ff.
43 Celtis, *Am* 2,9, V. 118ff.

nicht gekommen. Aber den Grundriss seiner Vorstellung von einem autochthonen, von fremden Einflüssen und Fremdherrschaft freien Germanien mit vorbildhaften Sitten, mit Ehrlichkeit und Treue gegeneinander und mit der Kraft, sich gegen Herrschaftsansprüche von außen erfolgreich zu wehren – dieses Wunschbild einer von allen Schäden der Gegenwart freien, idealen Gesellschaft haben sie alle übernommen und auf unterschiedliche Weise ausgefüllt. Und auch die chauvinistische Wendung gegen Italien taucht verdeckt oder offen bei vielen von ihnen auf, bei einigen, wie etwa Albert Krantz (1448–1517) im ersten und Ulrich von Hutten im zweiten Jahrzehnt des Jahrhunderts, unterfüttert mit eigenen abschreckenden Erfahrungen im ›sündigen‹, von kurialer Prachtentfaltung und Luxus bestimmten Rom der Renaissancepäpste.

*

Die massiven gesellschaftlichen Veränderungen der Epoche um 1500 wurden von den Beteiligten nicht nur als Verfall der Moral erfahren. Sie zeigten sich auch darin, dass die Kirche begann, ihre religiös begründete Autorität für die Gestaltung aller Lebensbereiche zu verlieren. Der deutsche Frühnationalismus war ein säkulares Projekt. Kirche und Christentum spielten in den ›Deutschlandbeschreibungen‹ praktisch keine Rolle.

Beim politischen Nationalismus hatte diese ›Säkularisierung‹ keine besonderen Probleme bereitet. Wieso auch? Der Hinweis auf die germanischen Vorfahren diente dort einem einfachen, praktischen Zweck: die Deutschen zur Kampfbereitschaft gegen ihre Feinde anzustacheln. Und Kriege waren in der Lehre der Kirche nicht verboten. Im kulturellen Feld aber kollidierte die Erzählung einer Herkunft der Deutschen von den antiken Germanen mit der Bibel. Zwar kannte das Alte Testament frühe, vorgeschichtliche Völkerschaften, für die es in den mittelalterlichen Traditionen ethnologische Argumentationsmuster gab, mit denen zum Beispiel fränkische oder sächsische Herrscherhäuser sich, dank antiker Sagen und eigener Erfindungskraft, eine Abstammung von Noah sichern konnten. Aber Germanen kamen in der Bibel und bei den Kirchenvätern nicht vor.

Konrad Celtis hatte als konsequenter Humanist eine Einbindung des von ihm beschriebenen Germanenvolkes in das biblische Geschichtsbild seiner Gegenwart vermieden und die Herkunft der Germanen in einer ausdrücklich mythischen Vergangenheit lokalisiert und auf einen nicht näher von ihm bestimmten *daimon* zurückgeführt.[44] Eine solch heidnische Argumentation kam für seine Nachfolger nicht infrage. Weniger entschieden als ihr Vorbild und stärker eingebunden in die traditionellen Formen ihres Alltagslebens und die Riten ihres akademischen Berufs, waren sie hoch daran interessiert, auch für die antiken Germanen einen theologisch korrekten Ort in den vielfältigen Räumen der biblisch legitimierten Vorgeschichte ausfindig zu machen.

Von diesem Dilemma zeugt eine breite, kontrovers geführte zeitgenössische Diskussion um die korrekte Herkunftsbestimmung der Germanen, an der sich namhafte deutsche Humanisten in zum Teil umfangreichen Schriften mit unterschiedlichen Argumentationsvorschlägen beteiligt haben: Heinrich Bebel und Johannes Naucler, Franciscus Irenicus und Sebastian Franck, Johannes Aventin und Andreas Althamer, Sebastian Münster, Burchard Valdis und andere. Schon die Länge der Liste zeigt die damalige Bedeutung des Unternehmens. Sie alle mühten sich um eine biblisch legitimierbare ›Ansippung‹ der Germanen an Noahs Nachkommen, wobei ihnen eine damals erstaunlich erfolgreiche Quellensammlung von angeblich neuen Erkenntnissen über vorgeschichtliche Völkerstämme zu Hilfe kam. Und wegen des großen argumentativen Aufwandes, den sie für ihre Suche damals betrieben, ist darüber auch in der Humanismusforschung mehrfach, leicht verwundert und mit erstaunlicher Detailfreude berichtet worden.[45]

Interessanter als die Einzelheiten scheint mir jedoch das Faktum eines solchen Aufwandes zu sein. Offenbar war es für die Autoren nicht hinnehmbar, dass ihr wichtiges Geschichtsdeutungsmuster, die mit den Germanen beginnende ›deutsche Nation‹, biblisch zweifelhaft war, weshalb sie sich größten Anstrengungen unterzogen, um es als bibelkonform zu erweisen und den Verdacht des Heidnischen, gar des Ketzerischen von ihm fernzuhalten.

Dass ein solcher Verdacht durchaus ernst zu nehmen war, kann ein kurzer, anspruchsvoller Briefwechsel zeigen, den Konrad Celtis 1502 mit Caritas Pirckheimer führte, der hochgebildeten Schwester seines Nürnberger Humanistenfreundes Willibald Pirckheimer. Die Klosterfrau und spätere Äbtissin übte darin heftige Kritik an Celtis' poetischer Praxis und warf ihm vor, dass er sich »auf sehr bedenkliche Weise mit den anrüchigen Geschichten von Diana, Jupiter, Venus und anderen Verdammten« beschäftige, deren heidnische Seelen in

44 Celtis, *Germania generalis.*
45 Münkler 1998, S. 249–261.

der Hölle brennen würden.[46] »Konrad Celtis hatte offenbar Grund, um den Ruf seiner Rechtgläubigkeit besorgt zu sein.«[47] Zumindest hat er sich nach 1502 dazu veranlasst gesehen, eine (eigenhändig geschriebene) Erklärung zu verfassen, die der Forschung erst seit 2008 bekannt ist und in der er sich gegen Vorwürfe verwahrte, seine Werke enthielten unmoralische oder gar unchristliche Passagen. Er verteidigte sich mit dem Hinweis auf die *poetica licencia* und auf die ihm besonders durch Maximilian I. auferlegte Pflicht zur Wiedergabe der Realität [!]. Und er beteuerte zum Schluss noch einmal ausdrücklich, er habe nie etwas ›unserer Religion und dem christlichen Glauben Zuwiderlaufendes‹ sagen wollen.[48]

Es gab auch durchaus Gründe für solche Selbstverteidigung. Noch 1514, ein Jahr nach der posthumen Veröffentlichung von Celtis' nachgelassenen Oden, den *Libri odarum quattuor*, hat die Theologische Fakultät in Wien wegen des Verdachts auf Häresie ein Druckverbotsverfahren gegen das Buch eingeleitet. Es wurde nach Gutachten namhafter Humanisten bald eingestellt, aber es zeigt das Konfliktfeld, in dem Celtis sich mit seinem poetischen Werk bewegte. Ein Jahr zuvor, 1513, war Johannes Reuchlin wegen des Verdachts der Häresie vor das Inquisitionsgericht in Rom geladen worden.

Konrad Celtis war dem Dilemma durch eine strenge Trennung zwischen sich als Christ und sich als humanistischem Autor begegnet, wie er sie im Entwurf seines Memorialbildes deutlich machte.[49] Ohne diese souveräne Kraft zu besitzen, quälten die anderen sich und einander in endlosen Argumentationsschleifen, um zusammenzuhalten, was deutlich auseinanderstrebte. Es war doch ein sehr enger geistiger Horizont, in dem sich die meisten der deutschen Humanisten bewegten.

Ein eigenes Vaterland

Mit dem Germanenmythos haben sich die deutschen Humanisten eine eigene bedeutende Herkunft geschaffen. Mit der imaginären Konstruktion eines deutschen Vaterlandes bauten sie sich einen eigenen deutschen Kulturraum und ein eigenes Territorium. Sie legten damit den Grundstein für die künftige Erfolgsgeschichte des Nationalismus in all ihrer Zwiespaltigkeit.

46 Lippe-Weißenfeld Hamer 1999, S. 144.
47 Kühlmann 2000, S. 189f.
48 Schäfer 2012, S. 384.
49 Worstbrock 1995, S. 21ff.

Es ist die Eigenheit des Nationalismus, dass er die Welt in Nationen einteilt und dass er dabei einen Unterschied setzt zwischen der eigenen und den fremden Nationen. Und es ist nur konsequent, dass dieses Prinzip in historischen Situationen, die als krisenhaft erfahren wurden, eine besondere Schärfe bekam. Wenn alte Sicherheiten sich auflösen, stabile Sozialordnungen in Bewegung geraten und bisher verlässliche Deutungsmuster nicht mehr greifen, kann die Vorstellung, einer eigenen Nation anzugehören, das Bedürfnis von Individuen und Gruppen befriedigen, einen festen, gesicherten Ort, ein Vaterland zu besitzen, von dem aus die Welt geordnet und im Prinzip beherrschbar scheint. Dass es in der Welt der Nationen eine eigene gibt und dass ›ich‹ ihr angehöre, ist ein zentraler Aspekt bei der Faszination, die der Nationalismus erzeugt.

So hatte schon Kanzler Jakob von Sierck 1452/53 von *unsere nacion* gesprochen und sie über *alle andere nacion* gesetzt, über die *unsere nacion ein meyster* sei.[50] Und im gesamten politischen Nationalismus seither war es um die Interessen und die Legitimation ›unserer Nation‹ Deutschlands gegangen. So lesen wir es auch bei den Humanisten: Es waren ›unsere Lande‹, *regiones nostrae et terrae*, auf die Celtis 1492 in Ingolstadt seine Studenten hingewiesen hatte, damit sie ihren eigenen deutschen Lebensraum, ihre *patria* kennenlernten; es war *Germania nostra*, die er in der *Germania generalis* beschrieb und von der er in den *Amores* berichtete. In Bebels *Oratio ad regem Maximilianum* von 1501 wimmelt es nur so vom Possessivpronomen pluralis, wenn es um die Größe und die Vorzüge ›Germaniens‹ geht. Und in der *Germania* von Johannes Cochlaeus bescheinigt das angefügte Referenzschreiben eines angesehenen Nürnberger Humanisten dem Autor gleich zweimal, er habe mit seinem Buch alles in ›unserem Deutschland‹ ganz hervorragend beschrieben.[51]

Auch der Gleichklang der Formulierungen scheint selbstverständlich. Der kulturelle Nationalismus war schließlich auf dem Boden des politischen entstanden, wurde im Herrschaftsgebiet des Deutschen Reiches entwickelt und sprach wie jener von *Germania*, *Teutschland*. So ist denn auch die ältere Forschung von einer einzigen nationalistischen Formation um 1500 ausgegangen, die sie unter dem Begriff des ›Reichspatriotismus‹ zusammenfasste. Der Nationalismus der Humanisten erschien dabei als eine Art ideologischer Überbau beim Kampf um die politischen Interessen des Reichs. Die politischen Funktions-

50 S.o., S. 51.
51 Cochlaeus b, S. 111.

träger hätten sich damit der Zustimmung der intellektuellen Eliten versichert, und deren Mitglieder hätten damit wiederum Teilhabe an der politischen Macht des Reiches gewonnen. Die *patria*, das ›Vaterland‹ der Humanisten, war in dieser Lesart das *regnum Teutonicum*.

*

Tatsächlich ist das Verhältnis zwischen dem politischen und dem kulturellen Nationalismus um 1500 komplexer. Bereits in der Begrifflichkeit zeigen sich bei genauerem Hinsehen Differenzen. Kanzler von Sierck hatte von *unsere nacion* gesprochen, Celtis und seine Schüler sprachen von *patria nostra*. Die begriffliche Unterscheidung wurde nicht immer durchgehalten, ist aber signifikant. Dieter Mertens hatte schon 1977 in einer hellsichtigen Analyse beschrieben, dass der Begriff der *natio* zur Zeit Maximilians I. in seiner Anwendung auf Deutschland eine eindeutig politische Konnotation gehabt und vor allem das Reich bezeichnet habe, während die Humanisten hingegen einen eigenen *patria*-Begriff von ›Schutz‹ und moralischer Verpflichtung entwickelt hätten.[52] Es gebe Reibungen zwischen dem Bedeutungsgehalt von *nacio* und *patria*: »Beide Begriffe fielen dann in der Extension zusammen, jedoch nicht in der Intension«[53] – und selbst in der Extension, wie wir sehen werden, nicht vollständig.

Was Mertens hier vorsichtig anhand des sprachlichen Befundes beschrieb, ist in der Sache der Unterschied zwischen der politischen und der kulturellen Form des frühen Nationalismus, von dem meine Darstellung handelt und der bei Mertens, wenn ich es richtig sehe, zum ersten Mal in den Blick der Forschung geriet – und das auf eine Weise, die ausdrücklich sowohl eine Verschiedenheit als auch eine enge Zusammengehörigkeit beider konstatiert. Dieses Wechselverhältnis verdient es, ausführlicher dargestellt zu werden, als das bei Mertens geschehen konnte.

*

Das Vaterland der Humanisten beruhte auf der Existenz des Deutschen Reiches, dessen Angehörige sie waren, an dessen Grenzen sie sich orientierten und das seit Langem seinen eigenen Nationaldiskurs hatte. Aber ihr Vaterland war ein eigener, separater Ort.

52 Mertens 1977, S. 61 ff.
53 Mertens 1977, S. 65.

Schon das Gebiet, das die Humanisten mit ›ihrem‹ Deutschland meinten, deckte sich nur bedingt mit den Grenzen des Reichs, weil es nach anderen Prinzipien konstruiert war. Konrad Celtis hatte in der *Germania generalis* die Außengrenzen seines Deutschlands, antiken Traditionen folgend, nach den Gewässern beschrieben, die es umgaben: Rhein, Donau, Weichsel und Ostsee. Das unterschied sich erheblich vom Herrschaftsgebiet der deutschen Stände. Cochlaeus präzisierte diese Bestimmung für den Süden, Osten und Westen durch die Nennung der benachbarten Länder, was den Grenzen des Reiches näher kam, sie aber ebenfalls nicht politisch, sondern geografisch definierte. Andere verfuhren ähnlich oder bestimmten ihr Germanien nach der gesprochenen Sprache.

Die Autoren beharrten auf dieser Differenz. Das gilt auch für diejenigen unter ihnen, die in einer engen Beziehung zur Reichspolitik standen: Celtis, Bebel und Wimpfeling. Celtis war 1487 von Kaiser Friedrich III., Bebel 1501 vom römischen König Maximilian I. zum Dichter gekrönt, Celtis zudem vielfach von Maximilian I. gefördert worden. Beide haben es ihren Herrschern mit panegyrischen Texten gedankt, beide haben die Reichspolitik Maximilians I. mit eigenen Schriften unterstützt. So hat sich Bebel in seiner gedruckten *Oratio* von 1501 für die ehrenvolle Dichterkrönung auch mit einer politischen Stellungnahme im aktuellen Konflikt zugunsten des Königs, d.h. gegen die Stände, bedankt. Und Celtis hat, als er von Maximilian I. 1501 zum Leiter des neu gegründeten »Collegium poetarum et mathematicorum« nach Wien berufen wurde, zum Dank in den *Amores* eine persönliche Begegnung mit dem König imaginiert, bei der er dem ›ruhmreichen Herrscher des römischen Reiches‹ versicherte, dass er ihn, Maximilian, nunmehr durch seine Poesie unsterblich und seine Taten in allen Weltgegenden bekannt machen werde.

Maximilian I. seinerseits war an der Unterstützung seiner Politik und seiner Person von humanistischer Seite interessiert. Bewusst hat er Vertreter der neuen Bildungselite an seinen Hof gebunden.[54] Sie garantierten ihm Zustimmung aus den intellektuellen Führungsschichten des Reiches und weiterwirkenden Einfluss in dessen weitem, schwer überschaubarem Raum. In eigener Person als humanistischer Autor mit nationalistischem Akzent tätig, unterhielt der Monarch auch über den Hof hinaus ein weitgespanntes Netz von Beziehungen zu humanistischen Gelehrten und Autoren, die er förderte und von denen er als Gegenleistung öffentliche literarische Unterstützung

54 Müller 1982, Kap. I und II.

Albrecht Dürer, Nürnberg 1502. Conrad Celtis überreicht ein Exemplar der *Amores* an Kaiser Maximilian I. Holzschnitt. In: Amores, 1. Buch, erste Seite.

Das Bild kann als ein Zeichen der Einheit von politischem und kulturellem Nationalismus um 1500 gelesen werden.

erwartete, wenn er den Anspruch erhob, politische Konflikte im Namen der deutschen Nation zu lösen. So gibt es denn nicht wenige Schriften, in denen humanistische Autoren ohne Vorbehalt für ihn als Vertreter ›deutscher‹ Interessen warben. Es gibt sie auch von den drei genannten Autoren, z.B. in der Auseinandersetzung Maximilians I. mit den oberitalienischen Städten (Bebel), in seinem Kampf gegen die Ungarn und Türken (Celtis) oder im Streit um die Separationsbestrebungen der Schweiz, die von Wimpfeling und Bebel als Zeichen für einen drohenden Zerfall des Reiches erfahren wurden, dem sie die Vision eines zusammenhaltenden nationalen Vaterlandes entgegensetzten.

So ist die Unterscheidung zwischen dem politischen Diskurs, dem auch sie sich zur Verfügung stellten, und ihrem eigenen kulturellen Diskurs nicht immer eindeutig zu treffen. Das ändert aber nichts an deren grundsätzlicher Verschiedenheit.

Von dieser Verschiedenheit gehen die literarischen Texte aus, die den Kernbestand des kulturellen Nationalismus ausmachen. »Kein Blick fällt auf Territorien und Fürsten, auch das Reich wird nicht als politische Einheit beschworen«, heißt es über Celtis' *Amores*.[55] Eine neuere Dissertation hat diese Sicht untermauert und erweitert: Biografisch sei für Celtis die Nähe zu Maximilian I. und die Förderung durch den Herrscher von großer Bedeutung gewesen, aber auf die Konzeption der *Amores* habe beides keinen Einfluss gehabt, das Werk sei eigenen poetologischen und philosophischen Gesetzmäßigkeiten gefolgt.[56] Heinrich Bebel hat das obligatorische Herrscherlob seiner Dankesrede an Maximilian I. von 1501 aus der Erweiterung dieses Textes in seiner *Indigena*-Schrift 1504 sorgfältig getilgt. Bei denen, die ihnen nachfolgten, spielte Politisches in ihren nationalistischen Texten ohnehin kaum eine Rolle. Auch sie gehen von einem zweigeteilten Nationaldiskurs aus.

Konrad Celtis hat diese Zweiteilung auch ausdrücklich vertreten. In einer späteren Umarbeitung seines 1474 zur Dichterkrönung entstandenen Gedichts an Friedrich III. »rückte die Gestalt des Dichters neben den Herrscher«.[57] Und in der als Programm konzipierten Veröffentlichung der *Panegyris* hat er die humanistische Bildung als eine selbstständige Kraft dargestellt, die dazu imstande wäre, die politische Klasse Deutschlands auf ein angemesseneres kulturelles Niveau

55 Worstbrock 1995, S. 31.
56 Robert 2003; auch Schäfer 2000, S. 254f.
57 Mertens 2000, S. 77.

zu heben und zu politischer Verantwortung und größerer Einigkeit zu erziehen.

Von dieser Verschiedenheit gehen denn auch maßgebliche neuere Darstellungen aus, wenn sie die Beziehung zwischen dem Vaterland der Humanisten und dem Reich nur als »Anlehnung« beschreiben[58] oder ganz grundsätzlich konstatieren, »Territorialisierung und Nationalisierung« seien die beiden »beherrschenden Prozesse der politischen Geschichte in der frühen Neuzeit«[59] – und dabei betonen, dass beide nicht einfach parallel nebeneinander existierten, sondern historisch und sachlich in komplexer Beziehung zueinander standen.

Diese wechselseitigen Abhängigkeiten des politischen und des kulturellen Nationalismus voneinander werden sichtbar bleiben, wenn ich im Folgenden vor allem die Besonderheit und Selbstständigkeit des kulturellen Nationalismus herausstelle.

*

Um eingangs noch einmal Mertens' grundsätzliche Unterscheidung von *nacio* und *patria* zu zitieren: *Germania*, unsere *nacio* – das war das Deutschland der herrschenden Adelsschicht, für dessen machtgestützte Territorien Jakob von Sierck die Fürsorgepflicht des Kaisers eingeklagt hatte. *Germania, patria nostra* – das hingegen war das Deutschland der Poeten und Gelehrten und wen auch immer sie mit ihrem ›wir‹ mitgemeint haben (darüber später mehr): Er wurde nicht durch seine Zugehörigkeit zu den herrschenden Ständen definiert.

Und während sich die politische *nacio* auf realem Besitz an Land und Menschen gründete, ging es bei der humanistischen *patria* um einen Wunschort für die emotionalen Werte von Heimat und Zugehörigkeit. Anders als die politische *nacio* war das Deutschland der Humanisten keine historisch entstandene, herrschaftsgestützte Gegebenheit, sondern eine in die Zukunft projizierte Imagination. Aber ihr Vaterland war dennoch keine dichterische Phantasie, es war wirklich ›Land‹, ein reales geografisches Gebiet, das Territorium, auf dem die Deutschen lebten, das zum Deutschen Reich gehörte und doch nicht mit ihm identisch war.

Das Vaterland der Humanisten war ein imaginäres Gebilde, aber es war gebunden an die geografischen, politischen, sozialen und historischen Realitäten dieses Territoriums, die sie benannten und denen sie

58 Hirschi 2005, S. 91 u.o.
59 Schirrmeister 2009, S. 18.

in ihren Texten mit dem Deutungsmuster einer ›deutschen Nation‹ Sichtbarkeit und eine kulturelle Bedeutung, Sinn verschafften. Es gründete sich auf Territorialität.

›Territorialität‹ benennt jedoch nicht nur ein zentrales Merkmal des frühen kulturellen Nationalismus der deutschen Humanisten. Territorialität ist das Spezifikum des Nationalismus überhaupt, durch das er sich von dem religiösen Weltdeutungsmuster des Mittelalters unterschied und das die Bedingung dafür war, dass er zur zentralen Weltanschauung der Neuzeit aufsteigen konnte.

*

Die Humanisten beschrieben ihr Deutschland als Territorium. Sie wussten, dass ihre Beschreibungen etwas Neues waren. Und sie vertraten dieses Wissen auch theoretisch: ›Geografie‹ war eines der Wissensgebiete, die Konrad Celtis im Entwurf seines Ingolstädter Bildungsprogramms neu in das akademische Studium eingeführt und – neben der Poesie – seinen Studenten ans Herz gelegt hatte. Geografie war das Schulfach, für dessen Neueinführung in das Curriculum seiner Lateinschule Johannes Cochlaeus die *Germania brevis* verfasst hatte. Seine Schüler sollten das Fach nicht aus Büchern kennenlernen, sondern im wirklichen Leben, durch Reisen in ihrem eigenen Vaterland. Und Geografie war das Fach, dem er durch seine wissenschaftliche Arbeit einen Platz im traditionellen Fächerkanon verschaffen wollte, indem er 1512 die Kosmographie des Pomponius Mela, das älteste in Latein verfasste geografische Werk, herausgab.

Die Humanisten beschrieben ihr Vaterland als einen in die Weite sich erstreckenden Raum. Das war nicht ihre Erfindung, sondern Teil der ›Entdeckung des Raums‹, des tiefgreifenden Wandels von vorwiegend zeitlichen zu wachsend raumorientierten Wahrnehmungs- und Ausdrucksformen, der sich in der Renaissance vollzog. Die Entdeckung ferner Länder, das sich erweiternde Wissen über die Welt jenseits der Meere und die zunehmende räumliche Mobilität der spätmittelalterlichen Gesellschaft innerhalb Europas haben zu diesem Wandel ebenso beigetragen wie die fortschreitende Territorialisierung der politischen Ordnungen. Aber die Art und Weise, wie die Autoren innerhalb dieser allgemeinen Entwicklung agierten, war ihre eigene Sache.

Ihr ›Raum‹ gründete sich auf die Territorialität. Damit hatten sie Teil an der allgemeinen »Verdichtung«[60] der Herrschaftsverhältnisse

60 Moraw 1985.

Porträt Johannes Cochlaeus (1479–1552), 16. Jahrhundert.

Inschrift: *IOANNES COCHLAEUS THEOL DOCT DECANUS FRANCF. Par tibi cum summis debetur gloria, nam tu / Par calamo summis ingenioque viges.* (Gleicher Ruhm gebührt dir mit den Größten, denn du / bist machtvoll gleich den Größten durch Feder und Geist.)
Cochlaeus (1479–1552) war von 1510–1515 Rektor der humanistischen Lateinschule in Nürnberg und schrieb 1512 für den Unterricht die *Brevis Germaniae descriptio*. 1518 wurde er in Rom zum Priester geweiht und entwickelte sich bald, wie andere Humanisten, zu einem der scharfsten und bekanntesten Kritiker Luthers.

in dieser Epoche, die sie als kulturellen Aufbruch zu nutzen verstanden – während andere sie als Bedrängung erfuhren, wie die Sinti und Roma, die in eben dieser Zeit und im gleichen Prozess der Territorialisierung ihre erste offizielle Ausstoßung aus der Gesellschaft erfuhren und zu Verachteten und Geächteten gemacht wurden.[61]

Für die Humanisten hingegen war der Raum ihres Vaterlands positiv besetzt, erfüllt von Landschaften, von Flüssen, Gebirgen und Städten, von bedeutenden Gelehrten und Künstlern projiziert – und bewohnt von Geschichte. Es war der Raum, in dem sie lebten, in dessen Städten sie ihren Berufen nachgingen, dessen Idiom ihre Alltagssprache war und in dem sie ihre Bücher druckten – einige davon sogar schon auf Deutsch.

Dass es wirklich ein Raum war, und zwar ein weiter Raum, den sie beschrieben, hatte Konrad Celtis mit dem Hinweis auf seine zehnjährige Wanderschaft durch das ›Vaterland‹ von vornherein deutlich gemacht. Und Sebastian Brant hatte in seiner *Beschreibung etlicher gelegenheyt Teutsches lands an wasser, berg, stetten vnd grentzen* vielfach Verkehrswege mit Entfernungsangaben benannt, eine *anzeygung der meilen vnd strassen von statt zu statt* (so der weitere Titel) – sein Bild von der Weite Deutschlands zugleich verbindend mit praktischen Hinweisen für Handel und Verkehr.

*

Es war kein offener, sondern ein begrenzter Raum, den die Humanisten ihr eigenes, den sie ›unser‹ Vaterland nannten. Draußen, jenseits der Grenzen, lebten die anderen Völker. Wenn diese die Grenzen verletzten, waren sie Feinde, gegen die ›unsere‹ Grenzen verteidigt werden mussten, bei Celtis z.B. gegen die Polen: Die Erinnerung an die Niederlage des Deutschen Ordens durch den polnischen König bei Tannenberg 1410, also drei Generationen vorher, erweckte beim Autor, wie er schreibt, persönliche Scham (*Heu pudet …*)[62] – eine erstaunlich personale Reaktion. Die Grenzen ›unseres‹ Vaterlands waren affektiv besetzt. Auch im kulturellen Nationalismus gab es die militante Abgrenzung nach außen, auch wenn er in der Hauptsache auf Integration ausgerichtet war. Diese Militanz konnte heftig sein, wenn es gegen die gegenwärtigen Feinde des Reiches ging. Da zog denn auch Celtis gegen die das Reich bedrohenden Ungarn und

61 »Territorialität als Terror«, Bogdal 2016, S. 53ff.
62 Celtis, *Am 1,15*, V. 53.

Türken zu Felde, da forderte etwa Bebel mit martialischen Worten ›die Deutschen‹ zum Kampf gegen die Venezianer auf, gegen die Maximilian I. gerade einen seiner Kriege führte, und im Elsass waren in Konrad Wimpfelings Geschichtsdarstellung die Franzosen die aggressiven und verhassten Feinde des deutschen Vaterlandes.

Ihr Vaterland hatte auch seine moralischen Feinde. Vor allem Celtis schrieb von ihnen, von den Italienern, die ihre Lustseuche nach Deutschland eingeschleppt hätten, und vom geschlossenen germanischen Nationalkörper, auf den von außen die Vertreter moderner Lebensweise eindrängten.[63] Die Figur des Feindes, der von außen (und oft auch von innen) das Vaterland bedroht, ist seither fester Bestandteil und besonders auffälliges Merkmal des kulturellen Nationalismus.

Und für Konrad Celtis hatte, wie wir sahen, das Territorium, auf dem die Deutschen lebten, noch die besondere Bedeutung, dass es als gemeinsamer Boden die Brücke bildete zwischen den Germanen von damals und den Deutschen seinerzeit.

*

Das Vaterland der Humanisten war ein imaginäres Gebilde. Aber es war zugleich ein realer, benennbarer Ort. Einen solchen Ort konnten sie als Mitglieder der humanistischen Gemeinschaft durchaus brauchen, denn sie erfuhren die Widersprüche der in Bewegung geratenen Gesellschaft des Spätmittelalters in ihren eigenen Biografien und in ihrer beruflichen Existenz. Aus allen Gegenden des Reiches gekommen, durch ihr Universitätsstudium international erfahren und privilegiert, durch Briefverbindungen und den literarischen Markt gut vernetzt, bildeten sie als Mitglieder der neuen Funktionselite eine eigene Schicht quer zur traditionellen Standeszugehörigkeit. Obwohl oft ungesichert durch ihre soziale Herkunft (viele von ihnen waren Aufsteiger), konnten sie es bis in die Nähe des kaiserlichen Thrones schaffen wie Konrad Celtis, sie konnten aber auch in einer kläglich bezahlten Professorenstelle ihr Leben fristen müssen wie Heinrich Bebel. Und wenn die meisten von ihnen auch fest eingebunden in die Ordnungen und Riten ihrer spätmittelalterlichen Gesellschaft lebten, so wussten sie doch, dass es eine Gesellschaft war, die sich im Umbruch befand, und sie konnten dies nicht nur an den Höfen oder dem sündigen Rom sehen, sondern es auch, wie die *Germania*

63 Celtis, *Am 2,9*. S.o. S.89.

von Cochlaeus zeigt, in ihren Städten wie dem hoch entwickelten Nürnberg unmittelbar erfahren.

Mit ihren an der Antike ausgerichteten säkularen Ansichten von wahrer Kunst und gutem Leben, die sie in ihren Schriften vertraten, standen sie im Widerspruch zum christlichen Glauben, zu dem sie sich alle bekannten. Das neue, anspruchsvolle humanistische Bildungskonzept, dem sie sich als Gruppe verpflichtet wussten, mussten sie gegen die Widerstände des traditionellen, jahrhundertealten Ausbildungsbetriebs erst noch erkämpfen, und sie lebten doch weit verstreut über das Reich – die meisten von ihnen in Süddeutschland, aber auch dort an den unterschiedlichsten Orten.

Angesichts solcher Widersprüche bot die Vorstellung von einem eigenen Vaterland einen festen Ort, der ihnen die Sicherheit einer intellektuellen und emotionalen Zugehörigkeit geben konnte und in dem sie nach ihren eigenen Regeln als Schriftsteller und Verwalter des Erbes der Antike arbeiten und leben konnten. Neben und in Konkurrenz zu der politischen Nation, die inzwischen ein anerkanntes Selbstverständnis- und Legitimationsprinzip für die politische Elite des Deutschen Reichs geworden war, konnten sie sich als Mitglieder ihrer eigenen, bedeutenden kulturellen Nation wähnen.

Die Gemeinschaft der Deutschen

Wie die Erfindung einer eigenen Herkunftserzählung und die Begründung eines eigenen Vaterlandes gehört auch die Formierung einer eigenen Gemeinschaft zum Kernbestand nationalistischen Schreibens und Handelns. Das Deutungsmuster der Nation impliziert immer eine Gruppe von Menschen, »deren Mitglieder durch ein starkes ›Wir-Gefühl‹ eng miteinander verbunden sind«.[64] Von dieser Regel bildeten die nationalistischen Texte deutscher Humanisten keine Ausnahme. Sie unter diesem Gesichtspunkt zu betrachten, gibt mir die Möglichkeit, die Gestalt, die Bedingungen und die Faszinationskraft ihres Nationalismus genauer als bisher zu analysieren.

Es war eine ›Wir‹-Gemeinschaft junger Poeten, die Konrad Celtis am Anfang der Entwicklung in der Epode *Ad Germanos Poetas* zur Kernzelle einer künftigen deutschen Nationalkultur erklärt hatte. Und es ist die Formel *unser Vaterland* in seinen Texten und denen der

64 So die soziologische Standarddefinition von »Gemeinschaft«, Wikipedia, 14.1.22.

Späteren, die zeigt, wie selbstverständlich sich diese Gruppe von Humanisten als Teil einer nationalen Gemeinschaft verstand. Über die Form dieser Gemeinschaft finden sich in ihren Texten keine Reflexionen, die Autoren haben allerdings im Spiegel der antiken Germanen beschrieben, was sie sich darunter vorstellten: ein einheitliches Volk, mit einer gemeinsamen Sprache und Kultur und mit einem eigenen Volkscharakter, dessen einzelne Züge (charakterfest, redlich, auch trunksüchtig und so weiter) auf wunderbare Weise den Fremd- und Selbstbeschreibungen der Deutschen des ausgehenden Mittelalters entsprachen.

Unabhängig von dieser indirekten Charakterisierung erfahren wir aus ihren Texten doch auch direkt einiges über die Gestalt dieser Gemeinschaft. Die Deutschen grenzen sich nach außen ab, wie es die ›Anlehnung‹ des Vaterlandes an die Grenzen des Deutschen Reiches zeigt und wie es von Celtis in den Körperphantasien seiner Elsula-Elegie präzisiert wurde. Die Deutschen sind Deutsche durch ihre gemeinsame Abstammung von den Germanen, durch eine gemeinsame Sprache und gemeinsame ›Sitten‹. »Deutsche Ahnen, deutsche Sprache und deutsche Sitten« heißt das bei Wimpfeling.[65] Es ist eine Trias, die erkennbar von jedem der Autoren als selbstverständlich und nicht weiter zu hinterfragen vorausgesetzt wurde, wobei dann jeder von ihnen seinen eigenen Akzent setzte.

Fragen wir nun danach, wer denn in diesen Texten als Deutscher auftrat, so waren es vorrangig Mitglieder der Humanistenschaft, doch beschränkte sich die Mitgliedschaft nicht auf diesen doch recht engen und speziellen Kreis – Angehörige des Hochadels, Geistliche und Stadtbürger gehörten mit dazu. Andere Stände kamen bestenfalls am Rand in den Blick, wurden aber nicht ausgeschlossen. Denn der Sache nach war jeder Mann ein Deutscher, dessen Vorfahren Germanen waren (Frauen zählten dabei nicht); Celtis hatte als Kriterium dafür benannt, auf demselben nationalen Territorium beheimatet zu sein wie jene.

Soziale Herkunft und gesellschaftlicher Stand spielten für die Zugehörigkeit des Einzelnen zur Gemeinschaft der Deutschen demnach keine Rolle. Ohnehin sind in diesem frühen kulturnationalistischen Projekt kaum Ausschließungstendenzen zu erkennen, und auch die Abgrenzungen nach außen, gegen Fremde und Feinde, sind nicht sehr ausgeprägt. Die nationale Gemeinschaft, von der sie schrieben, war ihnen selbstverständlich und kein Problem. Es war eine offene

65 Wimpfeling, *Declaratio.*

Gemeinschaft, mit durchlässigen Grenzen nach außen und ohne Homogenisierungen. Das sollte bei Ulrich von Hutten dann sehr anders aussehen.

Eher als Ausschließungen ist das Gegenteil sichtbar: das Bedürfnis, den Kreis der Deutschen zu erweitern, zumindest dann, wenn es darum ging, ein prominentes Mitglied zu werben. Das zeigt der (vergebliche) Versuch Wimpfelings und Brants von 1514, Erasmus von Rotterdam dazu zu bringen, sich als Deutscher zu bekennen.[66] Die kleine Geschichte zeigt zugleich den voluntaristischen Charakter der deutschen ›Nation‹: Wer zu ihr gehören wollte, der musste zwar bestimmte Bedingungen erfüllen, er musste sich aber vor allem auch selbst zu ihr bekennen.

*

Der einzige Punkt, bei dem es den Autoren um die innere Form der Gemeinschaft ging, war die Forderung, dass in ihr Einigkeit und Frieden herrsche. Nicht umsonst legten sie in ihrem Germanenbild großes Gewicht auf den Bericht des Tacitus, Arminius habe vor der Varusschlacht eine Einigung unter den sonst vielfach zerstrittenen germanischen Stammesfürsten zustande gebracht, der sie ihren spektakulären Sieg über die Römer zu verdanken hätten. Und dass die Fürsten im Deutschen Reich endlich ihre Streitigkeiten und Kriege überwinden sollten, war Thema in praktisch allen Texten und wurde von einigen, vor allem von Celtis in der scharfen Fürstenkritik der *Panegyris* (1492), auch ganz konkret auf politische Ereignisse in der Gegenwart bezogen.

Es war dies allerdings kein Thema, das eine Besonderheit der nationalistischen Texte dargestellt hätte. Vielmehr nahm es in der humanistischen Moralistik wie in der kirchlichen Predigtliteratur der Zeit breiten Raum ein, oft in standardisierter Form, nicht selten aber auch in ernsthaften Klagen und mit ausführlicher Kritik zeitgenössischen Unheils. Das Thema hatte auch eine eigene, weit zurückreichende Geschichte, was angesichts der politischen Situation im Deutschland des Mittelalters nicht verwundert. Im Kontext dieser Schriften bekommt es allerdings eine andere Funktion, weil die Forderung nach Einigkeit jetzt nicht mehr nur eine Sache der politischen Moral war, sondern auch gebunden an die Vorstellung vom einheitlichen Körper der nationalen Gemeinschaft. Die Fürsten sollten sich ihrer gemein-

66 S.o., S. 79f.

samen Zugehörigkeit zur Nation bewusst werden oder sich an sie erinnern; ein solches Wissen, und nicht ein moralisches Gebot, würde dann – so der Gedanke – ihren eigensinnigen Interessen ohnehin entgegenwirken.

Schon 1501 hatte Heinrich Bebel in seiner Rede an König Maximilian I. die antike Vorstellung vom Körper des Gemeinwesens und seinen Gliedern beschworen und dem König von einem Traum berichtet, in dem ihm die Mutter Germania erschienen sei – als eine müde Greisin mit einem strahlenden Haupt und einem entsetzlichen Zustand ihres Äußeren, ihrer Kleidung und ihrer kranken Gliedmaßen.[67] Diese Gestalt habe ihn, Bebel, dazu aufgefordert, bei Maximilian I. darauf zu dringen, dass er sich ihrer erbarme und die auseinanderstrebenden Stände wieder zusammenführe in die Einheit des Reiches. Und dass er dabei nicht nur die edle, ihm angeborene Milde walten lassen, sondern notfalls auch Gewalt anwenden und die verdorbenen Glieder abtrennen solle, damit das Ganze am Leben bleiben könne.

Die Autoren als Gruppe

Die Rede von ›unserem‹ Vaterland bedeutet nicht nur, dass es sich beim Konzept einer deutschen Nation um das literarische Bild einer Gemeinschaft mit identitätsbildendem Charakter handelte. Sie sagt zugleich, dass die Autoren von sich selbst sprachen, wenn sie von der nationalen Gemeinschaft schrieben. Es war kein fremder, objektiver Gegenstand, von dessen Gestalt und Bedeutung sie berichteten, sondern es war ihre eigene nationale Gemeinschaft, die sie mit ihren Texten begründeten und derer sie sich damit versicherten. Und dies war eine durchaus komplexe Angelegenheit, denn sie spielte sich einerseits im Phantasieraum der literarischen Fiktion ab, am Projekt einer gemeinsamen Nation zu arbeiten. Aber diese gemeinsame Arbeit fand andererseits zugleich im realen Leben wirklicher Schriftstellerpersönlichkeiten statt, die vielfältige Beziehungen untereinander hatten und die eigene Gruppe der ›Vaterlandshumanisten‹ bildeten.

Konrad Celtis hat auf seinen Reisen versucht, dieser Gruppe an einigen Orten mit der Gründung von sogenannten »Sodalitäten« eine festere Form zu geben, ist allerdings damit nicht sehr weit gekommen. Aber in einer lockeren Form mit persönlichen Beziehungen,

67 Bebel, *Oratio*, S. 14ff.

regelmäßigen oder gelegentlichen Zusammenkünften vor Ort und sorgfältig gepflegten Verbindungen zu Gesinnungsgenossen in anderen Städten bildeten sie ohnehin Zentren eines kommunikativen Netzes, vor allem im Süden des Reiches – eines Netzes, das durch das gemeinsame Interesse an der Existenz und Bedeutung eines deutschen Vaterlandes und an der Verbreitung eines nationalistisch orientierten Humanismus zusammengehalten wurde. Sie hielten engen Kontakt miteinander, wenn sie an einem Ort waren, wie die Nürnberger um Pirckheimer, von denen einige sogar in derselben Straße wohnten; auch Albrecht Dürer gehörte zu diesem Kreis. Sie besuchten einander, wenn sie getrennt lebten, sie führten gebildete Gespräche und berichteten den anderen davon – zum Beispiel darüber, dass das Elsass von alters her deutsch gewesen sei, wie wir es aus dem überlieferten Protokoll eines solchen Treffens vom 9. November 1504 in Tübingen wissen.[68] Sie praktizierten das, was ich den ›Projekt‹-Charakter des deutschen Frühnationalismus genannt habe.[69] Diese begrenzte Zahl humanistischer Gelehrter verwirklichte die Gemeinschaft einer ›deutschen Nation‹, die nur in ihren Schriften existierte und damit doch zugleich Teil ihres alltäglichen Lebens war. Das Deutungsmuster der Nation hatte reale gemeinschaftsbildende Kraft.

*

Das gemeinsame Projekt der Vaterlandshumanisten war etwas Besonderes und Neues. Aber die Formen ihrer Zusammenarbeit hatten sie nicht aus sich selbst heraus entwickelt, sie waren vielmehr weitgehend Gemeingut der Humanistenschaft, in die sie mit dem Universitätsstudium der Humaniora eingetreten waren, der sie sich zugehörig wussten, in der sie sich mit ihren Schriften und Kontakten bewegten und deren Kommunikationsformen und Riten ihnen selbstverständlich waren. Es waren nicht etwa isolierte Einzelgänger, die sich, von Celtis angeregt, ad hoc zu einer nationalen Gemeinschaft zusammengetan hatten, sondern Mitglieder des bereits in der zweiten und dritten Generation bestehenden deutschen Teils der europäischen Humanisten. Wie überall im Humanismus gehörte auch in Deutschland die Pflege persönlicher Bekanntschaften, gehörten weitläufige Briefwechsel und ein vielfältiges System wechselseitigen Lobes und scharfer Kritik zum selbstverständlichen Habitus eines wahren Hu-

68 Mertens 2004 c, S. 312–315.
69 Zum Projekt-Begriff: Robert 2003.

Holzschnitt aus der Schedelschen Weltchronik (1493).

Nürnberg als Reichsstadt, mit dem Reichsadler über dem Tor. Johannes Cochlaeus beschrieb sie zu Recht als moderne, fortschrittsorientierte Stadt von Schriftstellern, Künstlern (Dürer) und Naturwissenschaftlern. Neben Augsburg war Nürnberg ein Zentrum des deutschen Renaissance-Humanismus. Um Willibald Pirckheiner hatte sich eine Gruppe von Freunden und Verehrern von Konrad Celtis gebildet, die sich besonders aktiv an dessen Projekt beteiligte, Deutschland als Vaterland kennen zu lernen.

manisten. Der innovative Impuls des Humanismus ist ja nicht nur durch herausragende, starke Individuen vorangetrieben worden, die neue Formeln des Selbstbewusstseins für ihre neue Eigenständigkeit entwickelten. Er hat auch neue Formen von Vergemeinschaftung hervorgebracht, die nicht über Geburt und Standeszugehörigkeit funktionierten, sondern über individuelle Leistung und über gemeinsame kulturelle Vorstellungen.

So hatten sich auch in Deutschland lokale humanistische Gesprächskreise gebildet, mit einer stark fluktuierenden Mitgliederzahl von 2 bis 30 Personen, zumeist um eine herausragende Humanistenpersönlichkeit herum. Wir wissen von ihnen in Augsburg, Nürnberg, Regensburg und Wien, die ihrerseits mit anderen Zentren und mit Einzelpersonen in Verbindung standen. Die deutsche Humanistenschaft hatte bereits vor dem Auftreten von Konrad Celtis ein teils lockeres, teils engeres Kommunikationsnetz gebildet, das das ganze

Deutsche Reich überspannte, das seine politischen Grenzen, ständischen Ordnungen und sozialen Unterschiede durchquerte und damit einen neuen Typ weiträumiger Gemeinschaftsbildung geschaffen hatte. In dieses umfassende Geflecht vielfältiger literarischer und persönlicher Beziehungen waren ihre Mitglieder eingebettet und sorgten durch die Pflege ihrer Kontakte nach ›außen‹ dafür, dass sie es blieben. Von dieser allgemeinen humanistischen Gruppenbildung unterschied sich dann die um das Vaterlandsprojekt herum organisierte Gemeinschaft durch ihre gemeinsame Arbeit an diesem einen Thema und durch die größere Intensität und Stabilität ihrer Beziehungen.

Die Humanistenschaft ihrerseits war Teil der akademisch ausgebildeten Führungselite, deren Mitglieder als Juristen und Mediziner gegen Ende des 15. Jahrhunderts an den Höfen und in den Städten das Reiches vermehrt gebraucht wurden, die die Verwaltungen modernisierten und zunehmend an Geltung und Einfluss gewannen. Mit dieser Schicht war auch die Gruppe der Humanisten an Umfang, Selbstsicherheit und Bedeutung gewachsen. Ihre Mitglieder waren dabei, das mittelalterliche Bildungssystem an die neuen Formen politischer Herrschaft anzupassen – gegen erhebliche Widerstände, aber mit wichtigen Erfolgen in den Lateinschulen der Städte und in den »Artisten«-Fakultäten, dem Grundstudium der Universitäten.

Und mit ihrer intensiven Produktion oft umfangreicher Schriften waren sie Teil der neuen Institution des literarischen Marktes. Sie benutzten ihn, sie waren von ihm abhängig und sie befestigten seine materielle Basis. Ihre Arbeit trieb Modernisierungen und Erweiterungen des zeitgenössischen Druckgewerbes und seiner Vertriebsapparate an, die dann ihrerseits die Arbeit der Autoren veränderte.

*

Die kommunikativen Formen, in denen die Vaterlandshumanisten ihre Gemeinschaftsarbeit am Projekt einer deutschen Nation betrieben, hatten also durchaus ihren Grund in allgemeineren Entwicklungen innerhalb der politischen und kulturellen Führungsschichten des Reiches um 1500. Die Vaterlandshumanisten setzten an dieser Entwicklung an und gingen mit ihrer neuen Form der nationalen Gemeinschaft zugleich über sie hinaus. Sie förderten damit die politische Bedeutung der Humanistenschaft und begriffen sich mit ihr als Modernisierer. Darüber hinaus sicherten sie sich durch ihre imaginierte Zugehörigkeit zu ›unserem‹ Vaterland dann noch einmal einen herausgehobenen Ort als Besondere, als Deutsche.

Wir wissen von den frühen deutschen Humanisten Peter Luder (1415–1472) und Rudolf Agricola (1443/44–1485), dass sie die Vorwürfe und den Spott ihrer italienischen Kollegen ernst nahmen. Sie fanden selbst, dass sie in einem rückständigen Land lebten, mit einer barbarischen Sprache und mit einem beklagenswerten zivilisatorischen Stand. Aber sie verstanden diese Situation als Aufgabe, dem abzuhelfen, gemeinsam die humanistischen Studien an den deutschen Universitäten zu etablieren und damit den Humanismus im Deutschen Reich zu verbreiten. Er wolle *Germania nostra,* auch *Alemannia nostra, natio nostra* oder *natio Teuthonica,* humanisieren, hieß es dann bei Rudolf Agricola an verschiedenen Stellen.[70]

Sie lebten nicht nur im Deutschen Reich und lehrten an verschiedenen deutschen Universitäten, sie wussten sich auch in professioneller Verantwortung für die Bildung der *natio Theutonica.* Und begriffen diese als kollektive Aufgabe, die sie über alle Entfernungen und Grenzziehungen innerhalb des Reiches miteinander verband. Mit all ihren Nöten angesichts der politischen Aufsplitterung des Reiches hatten sie einen Begriff von der kulturellen Einheit der Nation, für die sie sich als Humanisten in intellektueller und moralischer Hinsicht zuständig wussten. Der Kontext, in dem sie sich verorteten, war offenbar nicht nur die literarische Konkurrenz mit ihren italienischen Kollegen innerhalb der Humanistenzunft, sondern auch der kulturelle Zustand der *Germania nostra* selbst – und dies lange bevor Tacitus' *Germania* in Deutschland ab 1490 ihre Wirksamkeit entfaltete.

Konrad Celtis hat diese Aufgabe von seinem Lehrer Agricola übernommen und sie auf einem breiteren Niveau und mit größerem Anspruch zu seinem Lebensziel gemacht. Er wolle die *patria nostra* humanisieren, so hieß es nun bei ihm. Den Wechsel des Namens halte ich für signifikant. Aus ›unser Deutschland‹ war bei ihm ›unser Vaterland‹ geworden. Das ist ein punktueller Befund, aber vor dem Hintergrund meiner bisherigen Beobachtungen scheint er mir relevant und einer grundsätzlichen Auslegung fähig.

Beide Autoren, Agricola und Celtis, fühlten sich für den Zustand Deutschlands verantwortlich, und das nicht nur als Einzelne, sondern als Teil der Gemeinschaft der deutschen Humanisten. Beide verstanden den Gegenstand dieser Verantwortung als ihnen zugehörig. Es war ›unser‹ Land, in dem sie lebten und arbeiteten und das sie, gemeinsam mit anderen, durch ihre Arbeit zum Besseren verändern wollten. Aber was sie jeweils damit meinten, war nicht das Gleiche.

70 Worstbrock 1995, S. 13.

Agricola begriff sein ›Deutschland‹ im Sinne des hergebrachten, aus der Antike stammenden geografischen Deutungsmusters. Es war für ihn ein Land wie viele andere Länder auch, nur mit dem Unterschied, dass dieses Land eben ›unseres‹ war.

Bei Celtis und seinen Nachfolgern war daraus das ›Vaterland‹ geworden, womit es näher an den Personen situiert war, intimer mit ihrer Identität verbunden. Und er verstand dieses ›Vaterland‹ im Sinn des neuen Deutungsmusters, mit dem die Welt auf eine neue Weise verstanden werden konnte: als ein Ganzes, eingeteilt in Nationen. Es war das Deutungsmuster, mit dem zugleich der eigenen Nation eine besondere Wertigkeit zugesprochen wurde, womit auch der Angehörige dieser Nation, also das sprechende Individuum, einen herausgehobenen Platz in der Ordnung dieser Welt erhielt. Das Konzept einer eigenen deutschen Nation war eine beachtliche Größenphantasie.

Resümee

Was ich bisher beschrieben habe, sind erst zwei Drittel der historischen Formation, die ich den »deutschen Frühnationalismus« nenne. Von ihnen hat dieser zweite Teil über den kulturellen Nationalismus allerdings ein besonderes Gewicht – und das in mehreren Hinsichten.

Dass auch der klassische Nationalismus nicht nur eine politische, sondern auch eine kulturelle Kraft war, ist in der Forschung wie im allgemeinen Verständnis nicht strittig. Beide werden dann allerdings gerne gegeneinander ausgespielt, wobei konzeptionell zumeist dem politischen Nationalismus die zentrale und dem kulturellen die begleitende und ergänzende Rolle zugesprochen wird. So hat denn auch Hans-Ulrich Wehler, wie bereits erwähnt, dem Nationalismus des 15./16. Jahrhunderts eine ›nur kulturelle‹ Bedeutung zugestehen wollen, während der eigentliche, nämlich politische Nationalismus erst im sechzehnten Jahrhundert bei den Niederländern begonnen habe. Er hat den politischen Herrschafts- und Legitimationsdiskurs über die ›deutsche Nation‹ seit der Mitte des fünfzehnten Jahrhunderts nicht gekannt oder unterschätzt und die politische Seite des kulturellen Nationaldiskurses übersehen.

Aber worauf es mir hier eigentlich ankommt, ist, dass schon die Entgegensetzung als wenig sinnvoll erscheint. Das Politische und das Kulturelle sind im Nationalismus nicht voneinander zu trennen, wie sehr in der konkreten Gestalt das eine oder das andere auch das Übergewicht hat. Dass ich beide in meiner Darstellung dennoch nacheinander behandelt habe, ist der historischen Entwicklung geschuldet, in der sich eine nationale Kultur erst in einem zweiten Schritt gebildet hat.

Dabei aber hat sich gezeigt, dass dies ein großer Schritt gewesen ist und ein entscheidender in der Geschichte des Nationalismus. Denn ohne ihn wäre der Nationalismus eine Sache der Herrschenden geblieben. Erst mit ihm ist der Nationalismus zu einer Kraft geworden, die den Anspruch erhob, die ganze Gesellschaft über alle Statusgrenzen hinweg zu integrieren. Erst mit ihm wurden die Voraussetzungen für die weitere Geschichte des Nationalismus geschaffen. Und erst er hat die Entwicklung zum modernen Nationalstaat ermöglicht, als bürgerliche Kräfte, Träger der neuen nationalen Kultur, sich anschickten, selbst die politische Herrschaft zu übernehmen. Mit solchen Überlegungen beschreibe ich nicht nur den historischen Ablauf. Denn moderne Gesellschaften werden nicht nur durch Herrschaft (und nicht mehr durch Religion), sondern auch durch eine gemeinsame Kultur zusammengehalten.

Die ›Erfindung‹ einer eigenen nationalen deutschen Kultur war kein Willkürakt kulturaffiner Gelehrter. Das Deutungsmuster der Nation hat vielmehr eine eigene, deutliche Tendenz zum Kulturellen, hat einen Bedarf an sinntragenden Gegenständen, Zeichen, Texten und Riten, um die sich die Mitglieder der nationalen Gemeinschaft sammeln. Erst diese Elemente einer eigenen Kultur machen ihre Gemeinsamkeit sichtbar, symbolisieren ihre ›kollektive Identität‹ und machen sie damit brauchbar für die politische Argumentation. Das war bereits bei den ganz frühen ›vornationalen‹ Gruppen so, als im 13./14. Jahrhundert die *nationes* der mittelalterlichen Universitäten ihr ›kulturelles‹ Zeichensystem ausbildeten, durch das sie sich als Gruppe definierten und mit dem sie gegen andere *nationes* zu Felde zogen.[71]

Die Entstehung einer nationalen Kultur war keine Eigenart der deutschen Geschichte. Überall in Europa sind im fünfzehnten und sechzehnten Jahrhundert national orientierte Kulturen entstanden. Aber ihre Ausprägungen waren sehr unterschiedlich – eine Folge der unterschiedlichen politischen Situation, in denen sie sich entwickeln konnten. Der italienische Nationalismus war von vornherein ein kulturelles Projekt gewesen, das darin seine Begrenzung fand, dass es sich auf keine namhafte politische Macht beziehen konnte. In Frankreich, Spanien und England bildeten sich nationale Kulturen in Anbindung an das absolutistische Königtum, das sie förderte und

71 S.o., S. 47.

benutzte. In Deutschland hingegen hat der Dualismus der politischen Verfassung, hat die Existenz zweier politischer Zentren, die sich gegenseitig begrenzten, dazu geführt, dass das Projekt einer eigenen nationalen Kultur sich einen Platz zwischen und neben beiden politischen Kräften suchen musste. Das hat zu einer größeren Eigenständigkeit der Kultur in Deutschland geführt. Es hat dann allerdings auch Unsicherheit, Provinzialität und mangelnde Kontinuität mit sich gebracht – mit weittragenden Konsequenzen.

Schließlich ist mir noch ein weiterer Punkt wichtig: Die ausführliche Darstellung in diesem Kapitel hat, meine ich, gezeigt, zu welcher Produktivität der kulturelle Nationalismus fähig ist. Wir sind heute geneigt, vor allem die aggressive, zerstörerische und Gesellschaften gefährdende Seite des Nationalismus wahrzunehmen. Das ist nach den Erfahrungen zweier Weltkriege und mit Blick auf gegenwärtige nationalistische Strömungen durchaus geboten. Es ist aber bedenklich, wenn uns darüber seine inkludierende, Gesellschaftlichkeit begründende und produktive Seite aus dem Blick gerät. Denn dann können wir die Faszination nicht begreifen, die er ausübt, und stehen ratlos der Entschiedenheit gegenüber, mit der er und seine exkludierende, zerstörerische Seite von seinen Anhängern vertreten werden.

Im frühen kulturellen Nationalismus sehen wir Mitglieder einer hochgebildeten, anspruchs- und verantwortungsvollen literarischen Elite bei der gemeinsamen, intensiven Arbeit, eine neue Kultur zu erschaffen, die ihre eigene war, säkular und mit egalitär-bürgerschaftlichem Anspruch. Die produktive Potenz des Nationalismus wird hier exemplarisch deutlich. Sie ließe sich auch weiter durch seine Geschichte bis in unsere Gegenwart hinein verfolgen.

*

Als historische Landmarke, von der an – nach einer achtzehnjährigen Anfangsphase – sinnvoll von einem frühen kulturellen Nationalismus zu sprechen ist, hatte ich oben das Jahr 1504 genannt. Mit dem Erscheinen von Bebels *Indigena*-Schrift waren Konrad Celtis' Entwürfe und Anregungen öffentlich von einem Vertreter der jüngeren Generation aufgegriffen und weitergeführt worden. Damit begann die gut zwanzig Jahre währende kollektive Ausarbeitung dieses Projekts.

Das Ende dieser Entwicklung lässt sich m.E. eindeutiger bestimmen: Von 1519 bis 1522 hat sich der junge, hochangesehene Humanist Ulrich von Hutten auf die Seite der Reformation geschlagen und eine Reihe papstfeindlicher Schriften in Latein und Deutsch veröffentlicht. In ihnen hatte er das humanistische Projekt einer nationalen Gemeinschaft der Deutschen zu einem publizistischen Kampfmittel gegen Papst und Kurie ausgebaut. Mit einer bis dahin unerhörten Schärfe und Intensität hat er im Namen der *deutschen Nation*, des *Vaterlandes* und *aller Deutschen* Papst und Kurie in Rom zum nationalen Feind erklärt. Er hat sie auf jede nur erdenkliche Weise beschimpft, diffamiert und mit Hass überzogen und in einem drei Jahre langen literarischen Feldzug versucht, seine *lieben Deutschen* zum Widerstand aufzuputschen. Glänzend und publikumswirksam geschrieben, rhetorisch gekonnt und mit großer Leidenschaft argumentierend, haben seine Schriften in den Anfangsjahren von Luthers Reformation ungeahnte Erfolge bei einem breiteren Publikum erzielt. Sie erlebten hohe Auflagen und spielten eine führende Rolle in der protestantischen Publizistik, die hinsichtlich Vielfalt, Umfang und Breitenwirkung ein neues Kapitel in der Frühgeschichte der neuzeitlichen Massenmedien darstellte.

Mit Huttens Schriften und ihrem militant-aggressiven Nationalismus sehe ich den deutschen Frühnationalismus, das Deutungsmuster einer identitätsbildenden deutschen Nation um 1500, sowohl nach seiner integrativen wie auch nach seiner exkludierenden Seite voll ausgebildet. Danach konnte er von späteren Autoren in jeweils unterschiedlichen Varianten abgerufen werden oder als Archiv für die Bearbeitung einzelner nationaler Themen ohne besonderen Anspruch dienen – was beides dann ja auch geschah.

III Machtphantasie Deutschland: der entfaltete Nationalismus Ulrichs von Hutten

Der Autor, um den es abschließend gehen wird, ist nicht nur wegen seiner Bedeutung für die Geschichte des deutschen Frühnationalismus wichtig – und er ist nicht nur wegen der extremen Inhalte und Formen seines Nationalismus von Interesse. Über beides hinaus können seine Herkunft und seine Biografie als ausgeprägtes Exempel gelten für die Erklärungskraft der ›Modernisierungs‹-Theorien, mit denen die Nationalismusforschung heute die Entstehung ihres Gegenstandes zu begreifen sucht. Zudem können seine Schriften sehr gute Einblicke bieten in die psychischen Mechanismen, durch die nationalistische Deutungsmuster auf die Affekte und die Handlungsbereitschaft von Individuen und Gruppen einwirken. Und schließlich ist Ulrich von Hutten (1488–1523) als Schriftsteller das erste große Beispiel im deutschsprachigen Raum für die historische Figur des leidenschaftlichen nationalistischen Schriftstellers, wie sie später immer wieder maßgeblich an der Reaktivierung und massenhaften Verbreitung von Nationalismen beteiligt sein sollte. Dementsprechend hat er hier ein eigenes Kapitel erhalten.

Der Autor

Konrad Celtis war 1508 in Wien gestorben. Das produktive Interesse deutscher Humanisten an der Geschichte, an der Gestalt und der Bedeutung ihrer Nation war damit nicht erloschen. Wichtige Schriften, zu denen Celtis die entscheidenden Impulse gegeben hatte, erschienen in den folgenden zwei Jahrzehnten.[1] Doch bereits zehn Jahre nach seinem Tod gab ein Vertreter der jüngeren Generation, der dreißigjährige Ulrich von Hutten, Reichsritter, angesehener Humanist und publizistischer Autor, der noch jungen Entwicklungsgeschichte des deutschen Frühnationalismus eine jähe Wendung.

Ulrich von Hutten ist die zweite überragende Persönlichkeit dieser Epoche des deutschen Frühnationalismus. Celtis steht an ihrem Beginn, Hutten markiert ihr Ende. Die Verschiedenheit beider Autoren

1 S. Liste, S. 72f.

und ihres jeweiligen Wirkungskreises legt für Hutten eine modifizierte Darstellungsweise nahe – stärker auf seine Person bezogen und etwas ›germanistischer‹ auf seine Texte eingehend –, um die Struktur und die Funktionen seines Nationalismus aufzeigen zu können.

Die Mitglieder der humanistischen Intelligenz bildeten in ihrer in Bewegung geratenen Zeit eine Schicht quer zur traditionellen Standeszugehörigkeit. Sie waren durch Universitätsstudium, Briefverbindungen und Buchdruck kosmopolitisch geprägt und untereinander vernetzt, durch individuelle Leistung mehr als durch soziale Herkunft definiert, aufstiegsorientiert und elitebewusst. Das ermöglichte starke, zur Selbstinszenierung fähige und auf intellektuelle Entdeckungen begierige Schriftstellerpersönlichkeiten wie Celtis und Hutten. Sie erfuhren in ihren eigenen Biografien die Krise der alten Ordnungen des Spätmittelalters, aber sie nahmen sie nicht als ohnmächtiges Ausgeliefertsein wahr, sondern als produktive Herausforderung, sich mit den neuen Entwicklungen auseinanderzusetzen und sich auf dem Markt der Ämter und der literarischen Geltung einen Platz zu erkämpfen.

Innerhalb dieser Gruppe war Huttens Position mit weiteren Widersprüchen behaftet. Anders als die meisten seiner deutschen Kollegen stammte er nicht aus dem Groß- oder Kleinbürgertum, sondern aus der Reichsritterschaft, dem vom Untergang bedrohten Stand, aus dem er früh herausgewachsen war, in den er sich aber weiterhin eingebunden wusste. Und er hatte – wiederum anders als seine Kollegen – »weder ein geistliches Amt noch einen stadtbürgerlichen Beruf«,[2] die ihm eine Anbindung an andere bestehende Gemeinschaften und damit einen gesicherten sozialen Ort hätten bieten können. Andererseits hatte ihm seine ritterliche Herkunft ein großes Maß an streitbarem Selbstbehauptungswillen mitgegeben, und er hatte sich gegen widrigste Lebensumstände zu frühem schriftstellerischen Ruhm und großem Ansehen bei Freunden und Gegnern durchgekämpft. Die Gleichzeitigkeit von Lebensunsicherheit und Selbstgewissheit hat Hutten selbst in einem Brief an Willibald Pirckheimer ausgedrückt, in dem er der Willkür der Fortuna die Sicherheit eines durch eigene Leistung (und nicht etwa durch Herkunft) erworbenen Adelsbewusstseins entgegenstellt.[3]

*

2 Hardtwig 1994, S. 23.
3 Hutten, *An Pirckheimer 1518,* S. 223 f.

Holzschnit Erhard Schön: Porträt Ulrichs von Hutten, um 1522.

Hutten auf dem Gipfel seiner publizistischen Wirkung, als Ritter und mit dem Lorbeerkranz des gekrönten Poeten. In den Ecken das huttensche Ahnenwappen, links oben das seiner eigenen Linie.

Konrad Celtis und seine jüngeren Kollegen – wer, außer besonders Interessierten, weiß in Deutschland heute noch etwas von ihnen? Ulrich von Hutten hingegen hat im kulturellen Gedächtnis der Deutschen immerhin indirekt einen Platz gefunden, und das bis heute. Durch seinen lateinischen Prosatext *Arminius* von 1518/19 hat er erreicht, dass die Gestalt des Cheruskerfürsten eine Figur der Weltliteratur und bis heute ein Lieblingsheld der Deutschen werden konnte. Ernst von Bandels auftrumpfendes Arminius-Denkmal von 1875 im Teutoburger Wald bei Detmold verkörpert anschaulich die Kraft dieser Wirkungsgeschichte und zieht auch heute noch Scharen von Schaulustigen an. Und die Varusschlacht im Jahre 9, die der historische Stammeshäuptling der Cherusker gegen ein großes römisches Heer gewonnen hatte, ist immer noch für heftige öffentliche Diskussionen gut – und sei es nur darüber, wo sie denn nun wirklich stattgefunden hat, wie zuletzt 2009.[4]

4 Artikel »Varusschlacht«, Wikipedia, 31.1.23.

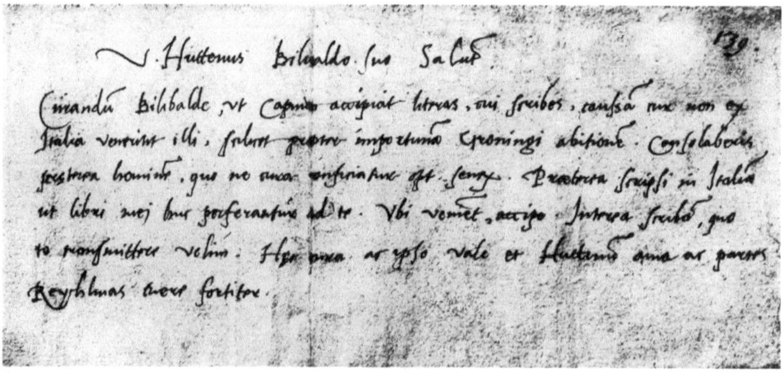

Faksimile eines Briefanfangs Ulrichs von Hutten an Willibald Pirckheimer, vor 1518 geschrieben.

Ulrich von Huttens Bedeutung für die Geschichte des Nationalismus reicht allerdings weit über die Erfindung eines deutschen Nationalhelden hinaus. Zwischen 1516 und 1523 hatte er sich mit einer Serie von virtuos geschriebenen, zeit- und kirchenkritischen Schriften in die kulturellen, politischen und religionspolitischen Auseinandersetzungen seiner Epoche eingemischt. Vor allem durch seine seit 1519 zunehmend nationalistisch argumentierende Papstkritik wurde er zu einem einflussreichen und gefürchteten Mitspieler im weltgeschichtlichen Prozess der beginnenden lutherischen Reformation. Seine Textbände und Flugschriften in Latein, weitgehend von ihm selbst auch ins Deutsche übersetzt, und eine Reihe gleich auf Deutsch verfasster papst- und kirchenkritischer Schriften erlebten hohe Auflagen.

Huttens Schriften übertrafen in ihrer Unbedingtheit und Aggressivität alles, was bisher an Kritik der römischen Kurie und deutscher Geistlicher, an Papst- und Pfaffenschelte zu lesen gewesen war. Die Lutheraner begrüßten und zitierten Ulrich von Hutten als willkommenen Bundesgenossen. Die Kurie verfolgte ihn 1520 mit einer Bannandrohung, vor deren Folgen er sich auf der Ebernburg seines Freundes Franz von Sickingen (1481–1523) in Sicherheit bringen musste. Und der junge Karl V., 1519 als Nachfolger des verstorbenen Maximilian I. gewählt und 1520 zum Kaiser gekrönt, fürchtete bisweilen Huttens publizistische Macht mit ihrer Bündelung von Luthers Kirchenreformforderungen, aggressivem Nationalismus und sozialen Unruhen im Reich, schließlich gab es zur gleichen Zeit den

Ritteraufstand um Sickingen, dem Hutten sich angeschlossen hatte und dessen Scheitern dann das Ende von Huttens publizistischer Wirkungsmacht einläutete.

An kirchen- und papstkritischen Schriften hatte es im Vorfeld und zu Beginn der Reformation nicht gemangelt, viele von ihnen waren mit großer Schärfe geschrieben, und regelrechte Hasstiraden waren dabei keine Seltenheit. Den Autoren, auch Hutten, dienten die *Gravamina nationis Germanicae* als Grundlage für ihre Kritik. Aber fast alle verfolgten reformatorische Absichten, praktizierten eine Kritik von innen und wollten mittels Ermahnungen an die weltlichen und geistlichen Instanzen in die Gesellschaft hineinwirken – durch Aufforderung zur moralischen Einkehr und Besserung und zur Reform der Institutionen von Kirche und Reich. Huttens Kritik hingegen war eine Kritik von außen. Das galt schon für seine Beteiligung an den kirchenkritischen ›Dunkelmännerbriefen‹ von 1515/16 und setzte sich 1518 in den ersten Angriffen auf Papst und Kurie fort, die zunehmend auf eine grundsätzliche Veränderung der Institutionen abzielten, und dies dann schließlich auch mit Gewalt.

Basis dieser radikalen Positionierung war sein Nationalismus, der sich von allem bisher Bekannten unterschied. Dass die politische Welt in Nationen aufgeteilt und die eigene Nation ein Wert sei, den es gegebenenfalls zu verteidigen galt, war unter Gelehrten inzwischen eine Selbstverständlichkeit geworden. Und dass etwa mit ›den Deutschen‹ nicht nur die herrschenden Adelsgeschlechter gemeint waren, sondern dass sich die Humanisten selbst als Mitglieder einer Nation, hier der deutschen, bezeichneten, mit offenen Grenzen zum städtischen Bürgertum, war verbreitete Praxis in der gelehrten Welt. Es war ein primär integrativer Nationalismus. Das änderte sich mit dem Auftritt von Huttens. Mit ihm zeigte der deutsche Frühnationalismus sein anderes Gesicht: Nun verherrlichte er Aggressivität und Gewalt, verlangte eine widerspruchsfreie nationale Gemeinschaft, die er durch eine rigorose Feindkonstruktion zu befestigen suchte, und modellierte die imaginäre Figur eines vielschichtigen, großen nationalen Subjekts. Nicht umsonst sind von Huttens nationalistischen Kampfschriften immer wieder Verbindungen zu den gewaltsamen Formen des klassischen Nationalismus gezogen worden.[5]

5 Könneker 1988.

Die Texte

Hass und Gewalt

Hutten hatte sich 1511 mit einem lateinischen Lobgedicht auf die Germanen ausdrücklich in den Kreis der »national gesinnten Humanisten Celtis, Bebel etc. eingereiht«,[6] hatte (wohl) 1517/18 mit dem *Arminius*-Dialog dem traditionellen Germanenbild eine herausfordernde Schärfe verliehen und 1518 in einer erweiterten Fassung des Lobgedichts bisher ungewohnte Töne angeschlagen. Dort lasen seine Kollegen in einem hoch emotionalisierten Text, welche Gefahr ›Deutschland‹, diesem Hort von Tugend, von der Verderbtheit drohe, die vom italienischen Rom her auf es einzudringen suchte:

> Quanquam aliquas dederint, quod nostras polluit urbes,
> Molliculi, labes, ltali; quanquam improba Roma
> Venerit in ritus spurcisque infecerit istud
> Acre libidinibus, castum corruperit omne,
> Roma, sacerdotum Iuxus vitamque supinam
> Pontificum non tarn ipsa ferens quam semine sparso
> Gentibus immittens. […][7]
>
> (»Weichliche Italiener verschmutzen mit ihrer Unsitte unsere Städte und das ruchlose Rom hat die heiligen Bräuche mit schmutzigen Listen heftig verunreinigt und alles Fromme zugrunde gerichtet, das Rom, das die Ausschweifungen und das Lotterleben der Priester nicht nur in sich selbst trägt, als vielmehr durch Ausbreitung des Keims in andere Völker hineinträgt.«)[8]

Diese Passage ist erst 2006 in die wissenschaftliche Diskussion eingeführt worden,[9] sie hat symptomatische Bedeutung: Ihre Romkritik war unter deutschen Humanisten an und für sich nichts Neues; so hatte auch Konrad Celtis 1511/12 eine Reihe ›Rom-polemischer‹ Epigramme veröffentlicht. Auch Huttens Argumentationsmuster ist uns bereits bei Celtis begegnet. Hutten jedoch steigerte die Krankheits- und Schädlingsmetaphorik und überzog die, die die Seuchen

6 Spelsberg 1988, S. 418.
7 Fassung 1518, V. 131–137.
8 Übersetzung Aurnhammer 2006, S. 155, Anm. 6.
9 Aurnhammer 2006.

angeblich eingeschleppt hatten, mit einer Serie hasserfüllter, verächtlichmachender Bezeichnungen.

Damit enthält die kurze Sequenz bereits den Grundriss für Huttens 1519 beginnenden publizistischen Kampf gegen den Papst im italienischen Rom. Ihrer wilden nationalistischen Diffamierung des Feindes fehlte nur noch der Aufruf zur aktiven, auch militanten Gegenwehr, die dann die im Herbst 1520 erschienene Versschrift *Clag vnd vormanung* dominieren sollte. Um sie herum gruppiert sich ein imponierend umfangreiches Werk aus politischen Gedichten, Prosatexten und öffentlichen Briefen auf Lateinisch und Deutsch, in dem Deutschland als nationales Opfer päpstlicher Intrigen und Gewalt dargestellt wird. Dabei kann die zeitliche Reihenfolge als signifikant gelten: Hutten war leidenschaftlich germanophil und auf aggressive Abgrenzung gegen ›Italien‹ bedacht, bevor er Luthers Reformationsbewegung als Vehikel für seinen Nationalismus entdeckte.

*

Wegen der beleidigenden Schärfe seiner bisherigen politischen Schriften angegriffen, schrieb er Ende 1518 den bereits erwähnten, langen autobiografischen Humanistenbrief an Willibald Pirckheimer in Nürnberg, ein Schriftstück von einer erstaunlichen Selbstreflexion und Ehrlichkeit gegen sich selbst und mit viel Zeitkolorit (ein Brief, der es wert gewesen wäre, von Walter Benjamin 1936 in seine Sammlung *Deutsche Menschen* aufgenommen zu werden). Dort hielt der mittlerweile Dreißigjährige Rückschau auf sein bisheriges Leben, verteidigte in immer neuen Wendungen seine Entscheidung, politisch aktiv zu werden, und erklärte seine Beteiligung an den ›Dunkelmännerbriefen‹ nunmehr mit der Notwendigkeit zu einem Kampf für ein kulturelles Deutschland gegen die Barbarei der Scholastiker. Diesen Kampf werde er in Zukunft mit aller Schärfe und persönlichem Einsatz führen. Und so geschah es denn auch.

Im Namen ›Deutschlands‹, der ›deutschen Nation‹ oder des ›deutschen Vaterlandes‹ beschrieb und geißelte er bis 1523 in seinen Texten Geldgier und Verweltlichung des Papstes, Luxus und zügellose Sexualität des römischen Klerus, Wollust, Tyrannei, Müßiggang, Wucher und Raub bei der deutschen Geistlichkeit und beklagte die Knechtung Deutschlands mit ihrem Verfall deutscher Sitte und Moral. Er tat dies in unterschiedlichen Gattungen, mit großem argumentativen Reichtum und dispositionellem Können, dabei oft in der Tradition des Lukianischen Dialogs,[10] mit einer virtuos gehandhabten Sprache, in immer neuen Wendungen und mit einer Fülle von konkreten Beispielen, die er 1515 bei einer Romreise selbst erlebt hatte oder erlebt zu haben behauptete. Seine Deutschen sollten endlich begreifen, was ihnen durch diese Machenschaften angetan wurde. Und sie sollten endlich damit beginnen, sich zu wehren, und das eben durchaus mithilfe militärischer Gewalt.

Erbarmt euch übers Vaterland
    ihr werden Teutschen regt die Hand.
Jetzt ist die Zeit, zu heben an
    um Freiheit kriegen, Gott wills han.
Herzu, wer Mannes Herzen hat …[11]
…
Wohlauf, ihr frommen Teutschen nun,
viel Harnisch han wir, und viel Pferd,
    viel Hellenbarten, und auch Schwert.
Und so hilft freundlich Mahnung nit,
    so wöllen wir die brauchen mit.[12]

Solche Verse waren bei allem rhetorischen Schwung sorgfältig überlegt. Hutten hat 1521 auch seine Forderung nach Gewalt im Kampf gegen den Papst als Ergebnis seiner politischen Erfahrungen verteidigt: Er habe nicht als Aufrührer angefangen, da er aber mit allen Argumenten und Mahnungen auf taube Ohren gestoßen sei und es um die Rettung des Vaterlands gehe, sei nun Gewalt geboten.[13]

Und weil das nit mag sein in gut
    so muß es kosten aber Blut.[14]

*

Es ist bekannt, dass die Menschen im 16. Jahrhundert ein ungebrocheneres Verhältnis zur direkten körperlichen ›Gewalt‹ in all ihren Formen hatten als wir Kinder des bürgerlichen Sublimations- und Zivilisationsprozesses seither. So muss es nicht wundern, Gewaltphan-

10 Becker 2013.
11 Hutten, *Clag vnd vormanung*, V. 938–941.
12 Hutten, *Clag vnd vormanung*, V. 554ff.
13 Becker 2013, S. 229.
14 Hutten, *Clag vnd vormanung*, V. 478f.

tasien in Huttens Texten zu finden, auch wenn sie in seinen eleganten lateinischen und deutschen Versen besonders heftig daherkommen. Auch Luther war bekanntlich in seinen antipäpstlichen und sonstigen Schriften nicht zimperlich. Und Hass- und Gewaltphantasien, bei der Verteidigung von Herrschaft wie beim Angriff auf sie, finden sich seit dem Alten Testament zuhauf in der Geschichte. Bedeutsam ist aber die Verbindung, die hier das Gewaltmoment mit dem humanistischen Nationalismus eingegangen ist.

1454 hatte Enea Silvio Piccolomini versucht, die schmale Schicht der deutschen Stände des Frankfurter Reichstags zum Krieg gegen die ›Türken‹ aufzustacheln, indem er an ihre Herkunft vom kampfeswilligen und tapferen Volk der *Germani* mahnte und dessen Feinde in grellen Farben zeichnete.[15] Er hatte damit die Tradition des politischen Nationalismus mit seiner aggressiven und die Feinde gegebenenfalls verteufelnden Propaganda begründet.

Jetzt, 1519 bis 1523, versuchte Ulrich von Hutten all seine deutschen Landsleute zum Kampf gegen Papst, Klerus und die Übel seiner Zeit aufzustacheln, indem er leidenschaftlich an ihre Zugehörigkeit zum tugendhaften und freiheitsliebenden deutschen Vaterland appellierte und Deutschlands Feinde, den Papst, die römische Kurie und ihr Gefolge, in grellen Farben zeichnete.

Es kann als ein entscheidender Schritt in der Entwicklung des deutschen Nationalismus gelten, dass Hutten die zwei bisher getrennten Stränge des deutschen Frühnationalismus zusammengeführt hat. Er hat die integrativen Momente des Humanisten-Nationalismus mit der aggressiven Gewalt- und Kriegsbereitschaft des politischen Nationalismus verbunden. Dabei hat er die abgrenzenden Impulse des Humanisten-Nationalismus zu offener Aggression gesteigert, die Bindung des politischen Nationalismus an die herrschenden Schichten aufgebrochen und die Nation zu einer Sache aller Deutschen gemacht. In den Kampfschriften Ulrichs von Hutten zeigt sich der deutsche Frühnationalismus erstmals in seiner voll ausgebildeten, janusförmigen Gestalt.

*

Die Verbindung dieser beiden Stränge ist kein Willkürakt Ulrichs von Hutten, sondern seine Reaktion auf die historischen und biografischen Konstellationen, in denen er sich befand. Anders als Konrad

15 S.o., S. 55.

Celtis und seine Nachfolger schrieb er in einer Zeit offener politischer Konflikte, in die er auch aufgrund seiner adligen Herkunft verwickelt war – und anders als sie bezog er in diesen Konflikten nachdrücklich Position.

In dem bereits erwähnten Brief an Willibald Pirckheimer vom 25. Oktober 1518 beschrieb er sich selbst als einen politischen Mann. Er rechtfertigte seinen Schritt, die stille Gelehrtenstube des Humanisten (und die Aussicht auf eine lebenssichernde Stelle bei Hofe) zu verlassen, mit der kämpferischen Tradition seiner Herkunft aus dem Ritterstand, mit seinem eigenen Willen und Charakter und mit der Notwendigkeit, Deutschland von dem verderblichen Einfluss klerikaler Machenschaften zu befreien. Den habe er schon in den ›Dunkelmännerbriefen‹ bekämpft, und gegen dessen weiterhin wirkende Tyrannei wolle er jetzt zu Felde ziehen, um Redefreiheit und Wahrheit für Deutschland zurückzuerkämpfen. Im Sommer 1519 verfasste er seine erste und schärfste antipäpstliche und antikuriale Schrift *Vadiscus*. Sie wurde Anfang 1520 auch auf Deutsch gedruckt und war sein größter publizistischer Erfolg, bis weit in das sich soeben formierende protestantische Stadtbürgertum hinein.

Mit seiner nächsten Schrift, *Inspicientes / Die Anschauenden*, situierte Hutten sich auch innerhalb der sozialpolitischen Auseinandersetzungen. Die Deutschen erschienen hier als ein Volk, das sich fast willenlos von fremden Kräften dominieren lässt, von den Italienern der römischen Kurie, von den Fürsten mit ihren politischen und ökonomischen Eigeninteressen, von den Kaufleuten mit ihrem internationalen Handel und ihren importierten Waren, von den Städten und ihrer Geldaristokratie. Sie alle verdürben den ursprünglichen Wesenskern der Deutschen, wie er einst das Leben der alten Germanen bestimmt hätte:

> sye getrawen einander wol, vnd leben in guter trew vnd glauben, frey vnd redlich, on allen trug vnd vntrew; sye wissen auch von keinem hinderlist.[16]

Heute verteidige diese heile Welt nur noch *der gemein Adel*:

> Daz ist der reütter orden, ein grosse macht vnd stercke Teütscher nation. Dann jr seind vil vnd geübt in kriegen, vber das, sicht man noch bey jnn einen scheyn alter tugent, güte gewonheit, vnd den

16 Hutten, *Die Anschauenden*, S. 168.

> Teütschen angeborne redlichheit. Dißen felt noch die alte Teütsch weyß, hassen alle frembde sitten, wo die bey jn eynbrechen.[17]

Es ist die Reichsritterschaft, die Ulrich von Hutten zur Verteidigerin des wahren Deutschseins ernannte, jener traditionsreiche, einst mächtige Stand von Adligen, aus dem er selbst stammte, der jetzt zwischen aufstrebenden Städten, Frühkapitalismus und mächtiger werdenden Territorialherren jedoch seine angestammte Funktion verlor. Aus ihm heraus hatte gerade eine eigene ›Ritterbewegung‹ damit begonnen, die ›alten Rechte‹ einzufordern, und deren Mitglieder schienen für Huttens Modernekritik durchaus empfänglich zu sein. Hier suchte er Bundesgenossen für seinen Nationalismus. In weiteren Schriften hat er die Ritter ausdrücklich als Mitstreiter angesprochen, ihre Fürstenkritik in seine Texte aufgenommen und ihr Fehderecht verteidigt. 1520 postulierte er einen »Pfaffenkrieg« der Ritterschaft, verband sich mit ihrem militärischen Anführer Franz von Sickingen und unterstützte ihn bei dessen »Ritteraufstand« von 1522. Als dieser scheiterte, versuchte er noch einmal durch eine militärische Aktion auf eigene Faust und mit ungenügenden Kräften die Ritterschaft mitzureißen. Das Unternehmen endete kläglich. Hutten floh, unter Reichsacht gesetzt, in die Schweiz, musste erleben, dass Erasmus von Rotterdam ihm die erbetene Hilfe verweigerte, fand schließlich Unterstützung durch Ulrich Zwingli und verstarb noch 1523 an den Folgen einer nie auskurierten Syphilis.

Wie auf keinen sonst aus dem Kreis der Vaterlandshumanisten trifft auf Ulrich von Hutten Berdahls Analyse zu, dass dort, wo durch den historischen Prozess alte personale Bindungen aufgelöst werden, Nationalismus entsteht als ein »Mittel zur Wahrung sozialer Kohäsion im Übergang von einer traditionellen zu einer modernen Gesellschaft«.[18]

*

Der zweite historische Kontext, in dem Huttens Nationalismus gesehen werden muss, ist der Beginn der lutherischen Reformation. Seine schriftstellerische Arbeit erhielt durch Luther 1517 einen entscheidenden Impuls, und seine Schriften entfalteten in diesem Rahmen eine unmittelbar politische Wirkung.

Auch Huttens Verbindung von Kurienkritik und Nationalismus

17 Hutten, *Die Anschauenden,* S. 171.
18 S.o., S. 24.

hatte ihre Vorgeschichte. Seit den *Gravamina nationis Germanicae* hatten die Auseinandersetzungen der deutschen Reichskirche mit der Kurie in Rom eine nationale Komponente gehabt. Im kirchenkritischen vorreformatorischen Schrifttum hatte ein immer aggressiver werdender Nationalismus eine zunehmende Rolle gespielt. Huttens Auftreten hat diese Rolle potenziert, und das hat seine Wirkung innerhalb der Reformation nicht verfehlt. Im Kreis um Philipp Melanchthon hatte man erwogen, der nationalen Komponente in der Auseinandersetzung mit dem Papst größeres Gewicht zu verleihen, und mit Luther hatte Hutten Briefe gewechselt. Angetrieben durch diese Erfolge baute er von da an lange Passagen einer religiösen Argumentation in seine Schriften ein, obwohl er selbst kein religiöser Mensch war, und stilisierte sich (kurzfristig) als der andere Befreier Deutschlands neben (und vor) Luther.

M. Luther	Vlr. Von Hutten
Warheit die ich red kauff des neyd an mich. Gott geb mir den lon, hab ichs falsch geton.	Vmb Warheit ich ficht, niemant mich abbricht, es brech, oder gang. gots geist mich bezwang.[19]

Auch hier blieb die erhoffte längerfristige Unterstützung aus. Luther ging auf Distanz, und in der sich stabilisierenden reformatorischen Bewegung trat das nationale Argument gegenüber dem religiösen zurück. Aber für kurze Zeit hatte die Verbindung zwischen Nationalismus und der religiösen Opposition im Reich funktioniert. Der päpstliche Gesandte Alexander meldete besorgt nach Rom, Hutten sei der führende Kopf des aufrührerischen Kleinadels und wolle mit Luther zusammen als Nationalheld die religiöse und politische Situation im Reich grundlegend verändern – woraufhin der Papst eine Banndrohung gegen Hutten verhängte.

Mit Huttens Auftritten auf der publizistischen Bühne hat sich der deutsche Nationalismus zum ersten Mal als Einheit seiner kulturellen und politischen Momente und in Allianz mit einer politischen Macht präsentiert. Es waren die Voraussetzungen für seine Wirkung als historische Kraft.

*

19 Mettke, Bd. 1, S. 188.

Die Bedeutung von Huttens nationalistischen Schriften liegt aber nicht nur in ihrer politischen Wirkung. Sie liegt auch in dem Aufwand an starken Affekten, mit denen sie ihre Leser traktieren. Mit Feinddiffamierungen und affektiven Appellen hatte auch der politische Nationalismus Maximilians I. nicht gegeizt, und Hutten konnte sich bei diesem bedienen. Seine Texte unterschieden sich jedoch darin, dass sie auf eine andere Rezipientenschaft ausgerichtet waren und ihre Hasstiraden und Gewaltphantasien in einer Variationsbreite, Intensität und Lesedauer ausbreiteten, wie es bisher noch nicht gesehen worden war.

Ihre affektive Kraft dürfte denn auch zu ihrer Breitenwirkung beigetragen haben. Zumindest lässt sich ihr Echo in den zahlreichen, weit verbreiteten Flugschriften des protestantischen Predigers, Theologen, Sozialreformers und Autors Johann Eberlin von Günzburg (ca. 1465–1533) studieren. In seiner 1521 erschienenen, wirkungsstarken Flugschriftensammlung *Die fünfzehn Bundesgenossen* vertrat Eberlin einen entschiedenen, aber gemäßigten humanistischen Nationalismus, der sich durchaus von dem huttenschen unterschied. Aber Eberlin zeigte sich auch beeindruckt von Huttens Texten, rückte ihn wegen seiner gesellschaftsverändernden Wirkung im Rang neben Luther und lobte nicht nur seine inhaltliche Position, sondern ausdrücklich auch seine Art, wirkungsvoll (und auf Deutsch) zu argumentieren.

Dabei sind es nicht beliebige Affekte, die Huttens Hasstiraden und Gewaltphantasien erzeugen. Es sind gezielte Affekte, die darauf angelegt sind, in den Lesern dieser Schriften gezielte Reaktionen hervorzurufen. Indem sie den Papst und die Kurie als korrupt, sexualisiert und heuchlerisch diffamieren, reproduzieren und befestigen sie die Position, von der aus sie argumentieren und die sie als ehrlich, sittenstreng und redlich behaupten. Und je heftiger die Affekte sind, mit denen sie »die da«, die nationalen Feinde, als verdammungswürdig brandmarken, desto größer ist die Gewissheit desjenigen, der dem Textfluss folgt, dass »wir« eben die ›deutschen‹ Tugenden besitzen, die der Text den anderen abspricht. In dem Maße, in dem die Feinde auf der schlechten Seite der moralischen Skala verortet werden, werden die Mitglieder der deutschen Nation auf der guten Seite positioniert. Das manichaische Gesellschaftsbild, das den klassischen Nationalismus auszeichnet, ist hier zum ersten Mal und mit exemplarischer Ausschließlichkeit formuliert worden.

Auf analoge Weise funktionieren auch die Gewaltphantasien in diesen Texten. Wer sich nicht auf sie einlässt, wird durch sie abgestoßen. Aber wer dafür disponiert ist, sich von ihnen mitreißen zu lassen, der begibt sich in die Position eines Mächtigen, der dem Feind jeden nur möglichen Schaden zufügen kann, ohne dass dieser die Möglichkeit hätte, sich zu wehren. Er hat in der Phantasiewelt des Textes teil an der Macht, von der der Text spricht.

Als »Selbstdefinition durch Feindmarkierung«[20] lässt sich dieses rhetorische Verfahren beschreiben. Es ist nicht auf nationalistische Texte beschränkt, sondern findet sich in jeder Äußerung, mit der andere moralisch disqualifiziert oder attackiert werden. Aber hier bei Hutten und dann auch in der späteren Geschichte des Nationalismus hat es als Deutungsmuster für die politische und soziale Welt seine besondere Karriere gemacht.

Vaterland und Gemeinschaft

Für die Feinddiffamierungen und Gewaltphantasien, denen Ulrich von Huttens Kampfschriften einen großen Teil ihrer politischen Wirkung verdankten, findet sich nichts Vergleichbares in den Texten der Vaterlandshumanisten. Aber deren inhaltliche Schwerpunkte – Herkunft von den Germanen, ›Vaterland‹ und ›Gemeinschaft‹ – haben auch Huttens Nationalismus bestimmt, wenn auch mit bezeichnenden Unterschieden zu seinen Vorgängern.

Ganz konventionell, mit Texten über die Germanen, hatte Hutten seine nationalistische Laufbahn begonnen und dabei das bisher ausgearbeitete Material übernommen, allerdings bereits hier den Akzent stärker auf die kriegerischen Fähigkeiten der Germanen gesetzt, auf ihre Freiheitsliebe und ihre Treue zum Vaterland. Das lag nahe: Erkennbar blickte hier der Abkömmling des von historischen Veränderungen bedrohten Ritterstandes mit einem gewissen Neid auf eine fiktive Vergangenheit, in der das soziale Leben noch in Ordnung war und alle Angriffe aus der Außenwelt noch beherrschbar.

Einen erstmals ganz eigenen Ton schlug dann der lateinische Prosatext des *Arminius* an, in dem Hutten den Cherusker›-Fürsten‹ als den größten ›Vaterlandsbefreier‹ und ›Einiger Deutschlands‹ verherrlichte, ihn mit allen deutschen Tugenden ausstattete und neben die großen Feldherren der Antike, Alexander, Hannibal und Scipio, stellte. (Diesen, seinen berühmtesten Text, vermutlich zwischen 1517 und 1519 entstanden, hat Hutten zeitlebens nicht veröffentlicht – wa-

20 Schulze 1989, S. 26.

rum nicht, darüber wird bis heute gerätselt. Er ist erst 1529 aus dem Nachlass gedruckt worden; seine Wirkung hat er erst noch später entfaltet.)

Allerdings: An den Fragen nach der Herkunft der ›Deutschen‹ von den Germanen und nach deren historischer Realität, die die Vaterlandshumanisten beschäftigt hatten, war Hutten nicht interessiert. Für ihn waren die Germanen keine wichtige geschichtliche Wirklichkeit, sie konkretisierten nur sein Wunschbild der idealen Deutschen.

Komplexer und aufschlussreicher ist die Art und Weise, in der er mit den beiden anderen traditionellen Themen, Vaterland und Gemeinschaft, umging.

*

Zentraler Wert in Huttens Nationalismus ist das ›Vaterland‹, *patria*. Und das Vaterland ist in Gefahr. Das ist der Ausgangspunkt seiner Texte. Der Papst, die römische Kurie und die deutschen Pfaffen sind dabei, das Vaterland der Deutschen zu zerstören, Hutten will es retten. So auch in der ersten von ihm gleich auf Deutsch geschriebenen Schrift mit dem Titel:

> Clag vnd vormanung gegen dem übermäßigen vnchristlichen gewallt des Bapsts zu Rom, vnd der vngeistlichen geistlichen, durch Herren Vlrichen von Hutten, […] dem vatterland Teütscher Nation zü nutz vnd gut, von wegen gemeiner beschwernuß […] beschriben.

Was aber ist bei Hutten das *Vaterland*, die *Teutsch Nation*? Konrad Celtis hatte die Vorstellung von einem eigenen deutschen Vaterland ›der‹ Deutschen in den humanistischen Diskurs eingeführt. Auch Hutten bezog sich ausnahmslos auf alle Deutschen. Auch für ihn waren nicht nur Fürsten und Adlige, sondern ausdrücklich auch die städtische Bürgerschaft mit den ›Deutschen‹ gemeint (seine humanistischen Kollegen waren es ohnehin). Celtis hatte zugleich seiner Vorstellung vom Vaterland einen affektiven Klang gegeben. Das Vaterland war bei ihm ein hoher, libidinös besetzter Wert. Seine Nachfolger hatten die affektive Bedeutung von ›unserem‹ Vaterland übernommen, wenn auch mit geringerem Gewicht, und auch für sie hatte das Vaterland, Deutschland, einen hohen identifikatorischen Wert. Es war die Basis ihres Selbstverständnisses und ihrer Kommunikation und wichtiger Gegenstand ihrer Wissenschaft.

Ulrich von Hutten knüpfte an diese affektive Bedeutung des Vaterlandes an, die sie bei Celtis gehabt hatte. Doch er hat die Affektivität potenziert und das Vaterland in seinem Kern zu etwas ganz anderem gemacht: In seinen Texten ist das Vaterland aus einem wichtigen zu einem absoluten Wert geworden. Für ihn und für die von ihm angesprochenen Deutschen ist es der Letztwert schlechthin, unmittelbar zu Gott. Denn Gott hat den Kampf gegen die Feinde des Vaterlandes selbst geboten, und wer dieses Gebot nicht befolgt, der versündigt sich gegen ihn. Hutten vertrat ein Gottesverhältnis, das von der Liebe zum Vaterland abhängig ist.

> Dann wem dies nit zu Herzen geht,
> der hat nit lieb sein Vaterland,
> ihm ist auch Gott nit recht bekannt.[21]

Es ist die weitestgehende Aussage über den absoluten Wert des Vaterlandes, die ich in Huttens Schriften gefunden habe. Seine Verabsolutierung der Nation ist einer der zentralen Punkte, der ihn mit dem Nationalismus des 19. und 20. Jahrhunderts verbindet.

Mit Huttens Verabsolutierung der Nation verändert sich auch der Inhalt des Begriffs. Wenn er von Vaterland spricht, meint er etwas anderes als Celtis. Der hatte mit ›Vaterland‹ wirklich ›Land‹ gemeint, ein konkretes geografisches Gebiet mit seinen Wäldern und Flüssen, mit seinen Menschen und mit seiner Geschichte seit der Antike.

Huttens *Vaterland* jedoch bezieht sich nicht mehr auf ein Territorium. Angesichts der Bedeutung, die bei Celtis und seinen Anhängern das reale Land, der territoriale Aspekt, gespielt hatte, ist das ein tiefgreifender Unterschied. Für sie war es das Land, seine Kultur und seine Menschen, die den affektiven Wert des Vaterlandes ausmachten, sie waren der Grund, weshalb es als das ›unsere‹ gelten konnte. Und es war das Land, dessen Grenzen gegebenenfalls gegen seine Feinde verteidigt werden mussten.

Von der geografischen Bedeutung des Wortes hat das Vaterland bei Hutten nur die vage Vorstellung von etwas Umgrenztem behalten, das von außerhalb bedrängt wird. Das Vaterland, das bei ihm von den Deutschen verteidigt werden soll, ist nichts Reales draußen in der Welt, es sind sie selbst, es sind ihre Tugenden, es ist ihr deutsches Wesen, ihr Deutschsein, an das sie sich erinnern und das sie sich

21 Hutten, *Clag vnd vormanung*, V. 1468 ff.

zurückholen sollen. Bei ihm ist das Wort zur Metapher geworden, zur Metapher für die Gemeinschaft der Deutschen.

*

Es kann nicht verwundern, dass auch der Begriff einer nationalen Gemeinschaft in Huttens Schriften eine veränderte Bedeutung erhalten hat. Das Wunschbild von der Zusammengehörigkeit der Deutschen hatte in den Texten von Konrad Celtis eine wichtige Rolle gespielt und war von seinen Nachfolgern in abgeschwächter Form übernommen worden. Und wie jede Gemeinschaft konstituierte sich auch für die Humanisten ihre Gemeinschaft der Deutschen durch Abgrenzung nach außen. Die ›Anderen‹, das waren die ›Welschen‹, die Franzosen oder Italiener, bei Celtis auch die Polen. Immer wieder waren es auch die Türken. All diese Feinde wurden beschworen, vor allem die ›Welschen‹ wurden abqualifiziert und beschimpft, die Türken sollten bekämpft und verjagt werden. Aber das vordringliche Interesse der Autoren galt nicht einer Abgrenzung und Verteidigung des Vaterlandes nach außen, sondern seiner umfassenden und affektiv besetzten Erkundung und Beschreibung nach innen: der Geschichte und Sprache seiner Bewohner, ihrer Gliederung in Stämme, der Eigenart und Bedeutung ihrer Städte. Es galt dem großen Land, das die Deutschen bewohnten, und den vielfältigen Landschaften, die sie umgaben. All das gehörte zu ihnen als ›Deutschen‹.

In Huttens Nationalismus sind von dieser Vielfalt nur Spuren zu erkennen. 1519, in den *Anschauenden*, gab es bei ihm noch eine breite, ausgefächerte Beschreibung des schlimmen politischen, kulturellen und moralischen Zustandes der Deutschen unter dem Zugriff päpstlicher Gewalt. 1520, zum Beispiel in *Clag vnd vormanung*, ist dieses reiche Bild auf wenige moralische Eigenschaften eingedampft. Huttens Deutsche sind treu, redlich, tapfer, frei und fromm (durchaus mit der Doppeldeutigkeit des Lammfrommen), sie haben Mut und sind mannhaft (nicht aber weibisch und weich). Sie sind auch verführbar und müssen an ihre Tugenden erinnert und zu deren Gebrauche ermahnt werden. Aber das ist auch alles, was wir von ihnen erfahren. Es sind die traditionellen deutschen Tugenden. Sie werden von Hutten benannt und in ihrer Gültigkeit vorausgesetzt, dargestellt aber werden in immer neuen Beispielen die Laster Roms. Hutten wird nicht müde, sie auszumalen. An diesem Kehrbild sollen die Deutschen erkennen, was sie eigentlich sind: eine Gemeinschaft, die von Feinden heimgesucht wird und die diese bekämpfen soll.

Und der Feind kommt nicht nur von außen. Er treibt sein Unwesen auch im Inneren der Nation und muss auch dort bekämpft werden. Der innere Feind hat auch Namen. Zuvörderst sind es die Pfaffen und die Mönche, dann auch die Städte, Kaufleute (insbesondere die Fugger) und Fürsten, sofern sie sich nicht in den Kampf gegen den Papst einreihen. Huttens Antipapismus mischt sich hier, wie schon beschrieben, mit seinem Kampf für die althergebrachte Welt des Reichsrittertums gegen die neu heraufkommende Welt des Geldes und der Städte.

Auch dies war neu gegenüber den Vaterlandshumanisten. Konrad Celtis hatte seine Modernekritik nur in doppelter Brechung vorgetragen, als Ansicht der fiktiven Autorfigur seines Gedichtes und rückprojiziert auf die als geschlossen vorgestellte Welt der Germanen. Ulrich von Hutten aber benennt die inneren Feinde der Deutschen direkt, in eigenem Namen und als jetzt zu bekämpfen. Seine Texte imaginieren einen Personenverband, der sich nicht nur durch eine scharfe Abgrenzung nach außen auszeichnet, sondern auch durch größtmögliche Geschlossenheit und Homogenität im Inneren – und erscheint damit als das, was in der heutigen Sozialtheorie eine ›dichte‹ Gemeinschaft genannt wird. Mitglieder, die nicht in diese Gemeinschaft eines als Einheit gedachten deutschen ›Volkes‹ passen, werden stigmatisiert, günstigenfalls zum Mitmachen aufgefordert, notfalls bekämpft.

*

Die Figur des ›inneren Feindes‹, der die Homogenität einer Gemeinschaft stört, war wahrlich keine Besonderheit von Huttens Nationalismus. Die katholische Kirche hatte ihre Ketzer, die sie als innere Feinde bis zur gewaltsamen Ausrottung bekämpfte. Und seit dem ersten Kreuzzug 1096/99 traf die Juden das gleiche Schicksal, auch Celtis hatte in seiner Stadtbeschreibung von Nürnberg eine lange, heftige judenfeindliche Passage eingefügt mit den bekannten Schauertaten, die die Juden verübt haben sollen, und mit ihrer Darstellung als Pest und Schädlinge am Gemeinschaftskörper.

Aber bei Ulrich von Hutten war der Kampf gegen die äußeren und inneren Feinde der Kern seines nationalen Projektes und er strukturierte vier Jahre lang seine Schriften. Seine Gemeinschaft der Deutschen hat keinen erkennbaren weiteren Inhalt außer der Aufgabe, das eigene Deutschsein gegen seine Feinde zu verteidigen. So sind auch die 1578 Verse von *Clag vnd vormanung* eine einzige, immer wieder anders formulierte Aufforderung an die *teutsch Nation*, *ihr Teutschen*, *ihr lieben / werden / frommen Teutschen* sich selbst als bedrohte Nation zu erkennen, um als geballte Kraft allen Feinden Paroli zu bieten. In der Imagination von Huttens Texten sind sie bereits diese Kraft, ein großes, mächtiges Kollektivsubjekt, das sich nur noch seiner selbst bewusst werden müsste. Die Gemeinschaft der Deutschen braucht den Feind, um sich als Gemeinschaft zu wissen, und je schlimmer und größer dieser Feind, desto edler und fester die Gemeinschaft. Im 19. Jahrhundert, im Ersten Weltkrieg und im Nationalsozialismus steht diese Figur im Zentrum der nationalistischen Propaganda in amtlichen Schriften und Reden, in Literatur und Journalistik.

*

Ulrich von Huttens Verabsolutierung der nationalen Gemeinschaft war bedingt durch eine spezifische historische Situation, und sie war zugleich ein Grund für sein Scheitern. Er hatte versucht, eine nationalistische Bewegung zu etablieren, und ihr die Aufgabe zugeschrieben, die reformatorischen Bestrebungen Luthers zu fördern und die Rebellion der Ritterschaft voranzutreiben. Aber im Zentrum von Luthers Kirchenreform stand die Erneuerung des Glaubens in der gesamten Christenheit und nicht der Plan, eine deutsche Reichskirche zu gründen und die bestehende Kirche zu zerschlagen. Und die Ritterschaft war zu randständig und zu rückwärtsgewandt, um Huttens utopischem Nationalismus zu folgen. Beide rebellischen Kräfte im deutschen Reichsgebiet um 1520 waren nicht dafür geeignet, Huttens nationalistisches Deutungsmuster in ihre politische Agenda zu integrieren. Sein Nationalismus blieb ohne soziale Basis.

Er trägt denn auch die Spuren dieser konkreten Situation. Es war ein Nationalismus ohne Land und ohne Verankerung in der politischen Realität, die pure Utopie einer geschlossenen, nur auf die Vernichtung des Feindes ausgerichteten Gemeinschaft. Mit seiner Betonung von ›Gemeinschaft‹ erwies er sich als anschlussfähig für die neuen Formen religiöser Gemeinschaftsbildung innerhalb der reformatorischen Bewegung, was einen Teil seines kurzfristigen Erfolgs ausgemacht haben dürfte. Aber das war zu wenig, um Huttens Projekt einer ›deutschen Nation‹ Realität zu verleihen.

Über die Wirkungsmacht eines völkischen Nationalismus

Nation und ›Subjekt‹

Mit der Darstellung der Nation als eines kämpfenden, seiner selbst bewussten Kollektivsubjekts hat Ulrich von Hutten, wenn ich es richtig sehe, Anfang der 1520er-Jahre eine entscheidende Neuerung in die Entwicklungsgeschichte des deutschen Frühnationalismus eingebracht. Und als eine ebensolche Neuerung ist die Größe und Macht zu deuten, mit der er in seinen Texten die individuelle Gestalt ihres ›Autor-Ichs‹ ausstattete. Beides sollte die weitere Geschichte des Nationalismus bis heute bestimmen – oft im Rückgriff auf Huttens Schriften, vor allem aber im Zuge einer inzwischen stabil gewordenen Tradition, an deren Anfang er stand.

Die imaginäre Figur eines ›nationalen Subjekts‹ gilt heute in einschlägigen kulturwissenschaftlichen Untersuchungen als zentrales Moment des historischen wie des gegenwärtigen Nationalismus.[22] Meine Darstellung erweitert damit ihr Feld. Zur Frage nach den Anfängen und den zentralen Themen des deutschen Nationalismus kommt die Frage nach den emotionalen Mechanismen in seinem Binnenraum hinzu. Denn denen verdankt er einen Großteil seiner individuellen Antriebskräfte und damit seiner historischen Wirksamkeit.

So erscheinen zum Beispiel in Theodor Körners (1791–1813) berühmtem Kriegslied von 1813, Vorbild für eine Reihe ähnlicher Texte aus dem Ersten Weltkrieg und der NS-Zeit, das *Volk*, das *deutsche Land* wie bei Hutten als kämpferisches Subjekt, das nur aufgerüttelt werden muss, um den Feind zu besiegen, und das sprechende Ich als sein mit großer Befehlsgewalt ausgestatteter Besitzer und Anführer.

Aufruf 1813

Friſch auf, mein Volk! Die Flammenzeichen rauchen,
Hell aus dem Norden bricht der Freiheit Licht.
Du ſollſt den Stahl in Feindes Herzen tauchen,
Friſch auf, mein Volk! — Die Flammenzeichen rauchen,
Die Saat iſt reif, ihr Schnitter, zaudert nicht!
Das hȯchſte Heil, das letzte liegt im Schwerdte!

22 Bielefeld/Engel 1998; Bielefeld 2003.

Drůck dir den Speer ins treue Herz hinein,
Der Freiheit eine Gaſſe! – Waſch' die Erde,
Dein deutſches Land mit deinem Blute rein!

Es iſt kein Krieg, von dem die Kronen wiſſen,
Es iſt ein Kreuzzug, s' iſt ein heil'ger Krieg!
Recht, Sitte, Tugend, Glauben und Gewiſſen
Hat der Tyrann aus deiner Bruſt geriſſen;
Errette ſie mit deiner Freiheit Sieg!
Das Winſeln deiner Greiſe ruft: »Erwache!«
Der Hůtte Schutt verflucht die Råuberbrut!
Die Schande deiner Tǒchter ſchreit um Rache,
Der Meuchelmord der Sǒhne ſchreit nach Blut.[23]

Und so geht es über vier weitere Strophen. Seine mitreißende (oder abstoßende) Eindringlichkeit gewinnt das Gedicht nicht nur durch seine mit äußerst starken Affekten besetzte Bildsprache, sondern in hohem Maß durch die Anrede des als Subjekt adressierten *Volks*, das den Sprachrhythmus allererst trägt. Es lohnt, den Wirkmechanismen im Einzelnen nachzugehen, mit denen solche nationalen Texte ihr Subjektthema durchdeklinieren. Ich will das, dem Gegenstand dieses Buches gemäß, an Texten von Ulrich von Hutten tun.

*

Mit seiner Konzeption der *patria* als kämpferischer Gemeinschaft gegen den Papst hat Ulrich von Hutten alles überschritten, was die Vaterlandshumanisten der deutschen Nation an Subjektqualitäten zugemutet hatten. Auch sie hatten das Vaterland metaphorisch als Körper verstanden, der geschützt werden müsse. Und auch für sie war Deutschland Gegenstand von Zuwendung, von Sorge, von Forschungen und Abgrenzung nach außen gewesen, aber es hatte dabei immer Objektcharakter behalten. Die Fähigkeit zu eigenem Handeln hatten sie ihm nicht zugeschrieben. Bei Hutten aber trat Deutschland, trat die deutsche Nation als eigenständiges Subjekt auf.

Schon auf der Textebene wird sie als eigenständige Figur behandelt. Das kann bereits in der Überschrift eines Textes angekündigt werden, wie bei der Flugschrift *Clag vnd vormanung*, die der Autor *zuvoran* [›vor allem‹] *dem Vaterland Teutscher Nation zu Nutz und*

23 Körner, *Leyer und Schwert*, 37.

Gut[24] geschrieben haben will. Kann diese Wendung noch als übliche rhetorische Personalisierung verstanden werden, so geht der Text in einer vielzitierten, exemplarischen Passage der gleichen Schrift weit darüber hinaus:

> Latein ich vor geschrieben hab,
> das was eim jeden nit bekannt.
> Jetzt schrei ich an das Vaterland
> teutsch Nation in ihrer Sprach
> zu bringen diesen Dingen Rach.[25]

Die Nation – gleichgesetzt mit der Leserschaft, um derentwillen der Autor ins Deutsche gewechselt hat – wird vom Autor als eine lebendige Person angesprochen, die endlich aktiv werden und gemeinsam mit dem Autor als mächtiges »Wir« zu einem Feldzug gegen Rom aufbrechen soll.

Und auf der Ebene der mit solchen Worten hergestellten Imagination ist dieses nationale ›Wir‹ ein Übersubjekt, das imstande sein soll, es mit Kaiser und Fürsten aufzunehmen, das Papsttum zu vernichten und damit zugleich alle Übel der Gegenwart zu beseitigen. Huttens Texte arbeiten an der literarischen Fabrikation eines Kollektivsubjekts von alles überragender Größe und Macht. Deutschland ist hier nicht nur eine Homogenisierungs-, sondern zugleich eine gewaltige Machtphantasie. Damit machen seine Texte ihren Lesern ein verlockendes Rezeptionsangebot: die Vorstellung, sich als Deutsche in einer großen Gemeinschaft sicher aufgehoben und beschützt zu wissen und zugleich über alle Maßen mächtig und unangreifbar zu sein.

*

Als handlungsfähiges politisches Subjekt war die Nation auch im politischen Nationalismus seit der Mitte des 14. Jahrhunderts in Erscheinung getreten. Aber dort diente es dazu, einer bestehenden, handlungsfähigen politischen Macht – Kurfürsten, Reichsständen, Maximilian I. – eine Legitimation zu verschaffen, um gegen andere Mächte aufzutreten. Die herrschenden Geschlechter mit ihren Institutionen waren bereits da und handelten bereits als Subjekte im politischen Feld, bevor sie damit begannen, sich als Nationen zu definieren.

24 Hutten, *Clag vnd vormanung*, V. 262.
25 Hutten, *Clag vnd vormanung*, V. 362–366.

In Huttens Texten hingegen hatte das Deutungsmuster der Nation die Aufgabe, ein politisches Subjekt überhaupt erst zu kreieren. Bisher einzelne Individuen sollten sich als Mitglieder einer nationalen Gemeinschaft begreifen, unabhängig von ihrem sozialpolitischen Ort, und dadurch zu einer politischen Macht werden, die die Feinde besiegt. Und ebendies ist das verlockende Angebot, das solche Texte ihren Rezipienten machen und das sie dazu bringt, zu Nationalisten zu werden, vorausgesetzt, dass der Text bei ihnen auf einen gemeinsamen Hintergrund kulturellen Wissens und ein ausreichendes Maß an affektiver Mobilisierungsbereitschaft trifft. Bei Hutten war das noch eine literarische Fiktion gewesen, die trotz ihrer kurzzeitigen politischen Wirkung Literatur geblieben ist, weil sie in einem Raum außerhalb der sozialen und politischen Realität um 1520 angesiedelt war. In den Befreiungskriegen, unter anderen politischen und sozialen Bedingungen, sollten das egalitäre Versprechen und die Machtphantasie des Nationalismus ihn zu derjenigen politischen Kraft machen, die Hutten sich für ihn ersehnt hatte.

Es ist dieser Zusammenhang, der Huttens Nationalismus zur Frühform des klassischen Nationalismus macht. Mit seinem Nationalismus schrieb Hutten nicht den politischen Nationalismus fort, sondern militarisierte den humanistischen Nationalismus von Celtis und seinen Genossen. Wie sie sind auch seine Texte nicht an eine Standesgruppe adressiert, sondern ständeübergreifend an selbstverantwortliche Einzelne, deren Zustimmung sie einwerben müssen, um überhaupt wirken zu können. Ulrich von Hutten hat für Deutschland zum ersten Mal, aus den Bedingungen einer sich modernisierenden Gesellschaft, das Projekt der ›Nation‹ als eines machtvollen, egalitären Kollektivsubjekts entworfen.

Der ›Autor‹ als starkes Subjekt

Die alte europäische Frage nach dem ›Ich‹, das spricht, also nach der imaginären Konstruktion von Subjektivität, ist besonders von Ulrich Bielefeld in die Nationalismusforschung eingebracht worden und steht bei vielen sozialpsychologischen Auseinandersetzungen mit der radikalen Rechten im Mittelpunkt.[26] Auf sie einzugehen, ist unverzichtbar, wenn es, wie hier, auch darum geht, die Faszination zu verstehen, die Nationalismen ausüben können. Das gilt für

26 Bielefeld 1998 und 2003.

den klassischen Nationalismus ebenso wie für seine Frühform um 1500.

Als großes Subjekt hatte Konrad Celtis sich 1498 in *Ad Germanos* inszeniert, 1497 hatte er in seiner Epode *Ad Germanos poetas* das Sprecher-›Ich‹ des Gedichts als den Begründer einer deutschen Nationalkultur imaginiert. Und er hatte 1502 in den *Amores* ›mein‹ Vaterland, ganz Deutschland, zum angemessenen Erlebnisraum dieses literarischen Ichs stilisiert.

Den individuellen Größenanspruch, der darin sichtbar wird und sein gesamtes Werk durchzieht, hatten seine Nachfolger nicht übernommen. Erst Ulrich von Hutten hat ihn wieder aufgegriffen und das nationale Deutungsmuster auch in diesem Punkt bis an seine Grenzen strapaziert. Er hat in seinen Texten die Größe und Macht eines sich als Deutscher wissenden Autor-Ichs weit über Celtis hinaus gesteigert.

Hutten hat sich von Anfang seiner schriftstellerischen Karriere an als selbstbewusster, kämpferischer Autor dargestellt. Seine nationalistischen Schriften haben das weiterentwickelt. Es sind ›Ich‹-Schriften, in denen ihr Verfasser teils explizit als *Hutten,* teils als namenloses Sprecher-Ich auftritt, in deren Titel, Vor- oder Nachreden er sich als Autor benennt und stets deutlich macht, dass er es sei, der Ritter und gekrönte Poet Ulrich von Hutten, der hier Papst und Klerus für verdammungswürdig hält, der die Deutschen zur Gegenwehr antreiben will und der sich selbst dabei in historischer Größe sieht: als (einzigen) Retter der bedrängten deutschen Nation und schließlich als potentiellen Vernichter des Papsttums in Rom. Im Inneren der Schriften spielt dieses ›Hutten-Ich‹ als Mahner, Antreiber und als Streiter für die ›Wahrheit‹ und für die ›Freiheit‹ der deutschen Nation eine ebenso große Rolle, der Masse wie dem Anspruch nach. Es ist ein Ich, das sich auch dazu berechtigt sieht, in Gottes Auftrag zu handeln:

Sye haben Gottes Wort verkert,
das christlich oclk mit Lugen bschwert.
Die Lugen wöln wir tilgen ab,
uff das ein lyecht die warheit hab,
die was verfinstert und verdempfft.
Gott geb ihm heyl, der bey mir kempft.[27]

27 Hutten, *Clag vnd vormanung*, V. 1564.

Es ist das Bild eines starken, betont männlichen Subjekts, das seine Schriften entwerfen, eines Subjekts mit einem imponierenden Maß an Selbstsicherheit, Mut, Streitlust und Aggressionsbereitschaft. Wie kein anderes in dieser Epoche gibt es sich als eigenständig Handelnder, der nicht auf die Zustimmung anderer angewiesen ist und keine Bestätigung durch eine Instanz oder Überlieferung braucht, sondern der sich als unerschütterlicher Kämpfer für die Wahrheit inszeniert, der dabei unbeirrbar seinem inneren, individuellen Kompass, seinem *herz* folgt und aus seinem eigenen *gwissen*[28] die Selbstermächtigung bezieht, die *teutsch nation* zu einem Freiheitskrieg gegen den Papst aufzupeitschen.

*

Das Bild eines starken, nach selbstgesetzten Prinzipien handelnden, ›autonomen‹ Subjekts, wie es sich in Ulrich von Huttens Texten zeigt, gilt gemeinhin als ein Merkmal der ›Moderne‹. Mit deren Beginn zwischen ca. 1750 und 1850 sei, so heißt es, diese ›Erzählung‹ zu einem zentralen gesellschaftlichen Leitbild geworden. Andererseits ist kaum zu bestreiten, dass schon vor dieser Epochenschwelle einzelne Schriftsteller und bildende Künstler sich selbst in ihrem Schaffen als Subjekte mit hohem Autonomieanspruch dargestellt haben. Als frühes Beispiel wird dann oft Petrarca angeführt, der seine schriftstellerische Tätigkeit als einen völlig eigenständigen Umgang mit seinen vielfältigen Quellen bezeichnet und mit Selbstbewusstsein behauptet hat, er folge, wie es sich für einen Autor gehöre, bei seinen Arbeiten nur seinem individuellen Stil.

Umstritten ist, ob dieses und spätere künstlerische Autonomiekonzepte vor 1750 bereits der Moderne zugerechnet werden können. Mediävisten verweisen zu Recht auf die jeweiligen vormodernen gesellschaftlichen und weltanschaulichen Umstände, unter denen sie entstanden sind, Frühneuzeithistoriker hingegen betonen mit gleichem Recht die inhaltlichen Übereinstimmungen mit dem Bild des ›neuzeitlichen Individuums‹. Es ist die alte Frage des jeweiligen Erkenntnisinteresses und der historischen Perspektivierung. Der Sache nach sollte das kein Widerspruch sein, wenn Konsens darüber besteht, dass es sich bei dem Begriff des ›autonomen Subjekts‹ als Errungenschaft der Moderne ohnehin nicht um eine Beschreibung der gesellschaftlichen Wirklichkeit handelt, denn starke selbstständig

28 *herz* und *gwissen* vielfach in *Clag vnd vormanung.*

handelnde Individuen hat es zu allen Zeiten gegeben und auch heute ist kein Mensch wirklich autonom. Es handelt sich vielmehr um unsere Benennung eines Deutungsmusters, also der Art und Weise, in der Individuen sich und ihr Handeln selber verstehen oder in der sie von anderen interpretiert werden. Und gleichermaßen selbstverständlich sollte sein, dass ein Unterschied besteht zwischen dem Auftauchen eines solchen ›Ich-Deutungsmusters‹ in Texten einzelner Künstler und Autoren einerseits und dem Anspruch andererseits, als gesellschaftliches Leitbild zu gelten, wie es exemplarisch in Goethes Sturm-und-Drang-Lyrik oder in Texten der Romantiker geschah.

In der langen Geschichte dieses Autonomiediskurses nimmt Ulrich von Hutten einen herausragenden Platz ein. Schon im Pirckheimer-Brief hatte er seinen Wechsel von der Studierstube in die Politik auch damit begründet, dass er seinem eigenen Willen und seinem Charakter folgen müsse, welche Konsequenzen auch immer daraus für ihn entstehen würden. Und in den dann folgenden nationalistischen Texten inszenierte er sein *Hutten*-Ich auf die beschriebene, grandiose Weise.

*

Allerdings: So geradlinig, wie ich das bisher dargestellt habe, verhält es sich mit Huttens großem Ich denn auch wiederum nicht. Schon in seiner Selbstdarstellung gegenüber Pirckheimer hatte er sich sehr viel komplexer und realistischer gezeichnet. Zwar hatte er dort in vielen Wendungen betont, dass er nur sich selbst und seinem Gewissen gegenüber verantwortlich sei und dass er die Forderung an sich habe, sich selbst und die in ihm angelegten Möglichkeiten zu verwirklichen, aber dieses ›Selbst‹ ist dann eben doch kein nur privates, eigenes gewesen, sondern zugleich ein gewusst und benannt allgemeines.

So gibt er weitere Begründungen an für seinen Entschluss: Er sei gebunden durch die Forderungen seines familialen Umfelds und durch das Selbstverständnis seines ›ritterlichen‹ Standes, denen er sich würdig erweisen müsse. Er diene damit dem Ziel, im Sinne des Humanismus Wissenschaft und Bildung zu verbreiten. Und schließlich nimmt er für sich das Leistungsethos des humanistischen Intellektuellen in Anspruch und verteidigt es mit Verve: Was er sei, sei er durch eigene Leistung geworden und nicht durch seine adlige Herkunft. Er sei zwar stolz darauf, ein Adliger zu sein, »doch es ist schlecht um mich bestellt, Willibald, wenn ich mich für adlig halte, mag ich auch aus diesem Stand und solcher Familie und von adeligen Eltern abstammen, wenn ich mich nicht durch eigene Tüchtigkeit selber darin bewiesen habe«.[29] Damit beschreibt er sehr genau seine widersprüchliche biografische Situation zwischen den traditionellen und den zukunftsgerichteten gesellschaftlichen Kräften seiner Gegenwart. Und beteiligt sich so aktiv und in eindrücklicher Weise an der zeitgenössischen Diskussion über das Verhältnis von Geburts- und Leistungsadel.

Ich lese die Vielfalt seiner Argumente im Pirckheimer-Brief nicht als Ergebnis von Unentschlossenheit, sondern als Zeichen dafür, dass Hutten selber seinen Anspruch auf Autonomie eingebunden weiß in die konkreten Abhängigkeiten und Verpflichtungen, in denen er sich befindet – bis zum Zerreißen ausgespannt zwischen dem Heteronomiebewusstsein und dem Autonomieanspruch eines darin durchaus ›modernen‹ Ichs.

Doch wir finden diese widersprüchliche Form der Subjektkonzeption nicht nur in Huttens autobiografischer Selbstdefinition. Wir finden sie auch in seinen nationalistischen Streitschriften. Die imaginieren nicht nur, wie beschrieben, ein starkes, seiner selbst bewusstes Ich, das den Anspruch auf nationale Führerschaft erhebt. Sie zeigen dieses Ich zugleich als schwach, ohnmächtig und nach Unterstützung durch das Vaterland rufend.

Widersprüche einer nationalen Führerfigur

Ohnmachtsgesten des sprechenden Ichs durchziehen Huttens längste und am meisten ausgearbeitete Streitschrift von 1520. Schon ihr Titel hatte als Gründe für ihre Abfassung nicht nur *Nutz und Gut* des Vaterlandes und die *gemeine Beschwernus* (wodurch auch immer) benannt, sondern auch die *eigene Notdurft* des Autors, der sich unmittelbar vorher noch großmächtig als *Herr Ulrich von Hutten, Poeten und Orator der ganzen Christenheit* vorgestellt hatte, damit aber auch als notleidend und hilfsbedürftig erscheint.[30]

Ohnmachtsgesten des Autor-Ichs finden sich auch im weiteren Text: *[…] ich hoff, sie lassen mich nit stahn*, heißt es z.B. später (V. 932) und in einer der kommentierenden Randnoten: *Hoffnung zu teutsche nation / Bitt mit Hilf, nit verlassen zu werden* (V. 225). Oder: *wir wöllens halten in gemein, / laßt doch nit streiten mich allein* (V. 935 f.) – und so auch weiterhin.

29 Laub 1988, S. 223.
30 Hutten, *Clag vnd vormanung*, Mettke, Bd. 2, S. 35.

Ähnliche Figuren finden sich auch in anderen Schriften. Immer wieder vollziehen seine Aufrufe an die Deutschen eine Pendelbewegung zwischen einem selbstbewussten und einem schutzbedürftigen Ich. Huttens politische Schriften arbeiten mit einer zweipoligen, in sich widersprüchlichen Subjektstruktur. Sie entwerfen ein starkes, selbstständiges Autor-Ich, das die Deutschen endlich aufklären und den Papst in seine Schranken weisen will, und sie entwerfen ein schwaches, hilfsbedürftiges Autor-Ich, das durch die Gemeinschaft der Deutschen vor eben diesem Papst geschützt werden muss. Oder anders gesagt: Sie enthalten ein starkes Individualsubjekt und zugleich ein starkes Kollektivsubjekt, und das sprechende Ich pendelt auf einer komplizierten Bahn zwischen beiden hin und her und wechselt dabei zwischen Größen- und Ohnmachtsphantasien.

Denn die Deutschen haben in seinen Texten nicht nur die Aufgabe, eine homogene Gemeinschaft und ein Kollektivsubjekt zu bilden. Sie haben zugleich die Aufgabe, das sprechende Ich, *Hutten*, vor dem gewaltsamen Zugriff des Papstes und seiner Schergen zu schützen. Die gleiche Bedeutung, die in seinen Texten der Kampf des Vaterlandes gegen den Aggressor einnimmt, kommt auch dem Schutz des sprechenden Ichs durch das Vaterland zu. Hutten imaginiert nicht nur eine absolut gesetzte nationale Gemeinschaft, die aufgeklärt, geschützt und angetrieben werden muss, sondern auch eine starke nationale Führerfigur, ein absolut gesetztes Ich-Subjekt, das doch seinerseits zugleich auf die Hilfe der Gemeinschaft angewiesen ist.

*

Exemplarisch lässt sich dieser Umschlag in einem seiner letzten einschlägigen Texte beobachten, mit dem Hutten im Sommer 1521 noch einmal Rückschau hielt auf seine Versuche, seine Deutschen zum Kampf für das wahre Deutschland zu führen, und mit dem er das Scheitern dieser Versuche eingesteht, weshalb er den Kampf jetzt mit anderen fortführen werde. Biografisch artikuliert *Ain new Lied Herr Vlrichs von Hutten* Huttens Abschied von seiner Rolle als politischer Schriftsteller (Text im Anhang, S. 160). Seinen Versuch, die Deutschen durch seine Texte zum nationalen Aufstand gegen die Kirche in Rom anzutreiben, sah er jetzt selbst als gescheitert an. Was ihm übrig blieb, war die persönliche Teilnahme am Verzweiflungskampf des alten Ritterstandes gegen die verhassten Vertreter der Moderne, die *Pfaffen,* die Städte und die Kurie. In beiden historischen Ereignissen platziert sich der Text.

Literarisch gilt *Ain new Lied* heute wegen seiner ästhetischen Kraft als große Dichtung und wegen seiner intensiven Bekenntnishaftigkeit als »ein frühes Zeugnis neuzeitlicher, bindungslos sich selbst überschätzender und überfordernder menschlicher Existenz«.[31]

Der Text beginnt mit Huttens berühmt gewordenem Motto *Ich habs gewagt*, das der Autor wie ein modernes Markenzeichen in seinen Schriften verwendet hatte und das im ›neuen Lied‹ den Tenor kühner Selbstständigkeit einläutet. Sieben Strophen lang schaut der Autor auf sein bisheriges politisches Schreiben und dessen Wirkung zurück, voller Stolz auf das, was er gewollt und bewirkt hat, noch im Scheitern ohne Reue, unverzagt zu einem neuen Kampf aufbrechend, neuer Bundesgenossen gewiss, aber auch bereit, dessen Konsequenzen zu tragen. Nun setzt er darauf, dass seine adligen Standesgenossen mit ihren Söldnern ihn unterstützen:

Ich wais noch vil
    wöln auch ins spil,
Vnd soltens drüber sterben:
    Auff landßknecht gut
Vnd reutters mut
    Last Hutten nit verderben![32]

Die letzte Zeile des Gedichts steht im Widerspruch zu allem, was vorher zu lesen war. Der eingangs im Text so selbstgewiss daherkommende Sprecher fürchtet jetzt, ohne die ihn unterstützende Gemeinschaft Gleichgesinnter unterzugehen. Das vorher gegen alle Anfechtungen gefeite Subjekt hat seine Eigenständigkeit zugunsten der Integration in eine schützende Gemeinschaft aufgegeben. Das Ziel dieses ganzen Ablaufs ist nicht ein Sieg über die Feinde, sondern die Rettung des sprechenden Ichs: *Last Hutten nit verderben!*

*

Eine enge Verquickung von Subjekt und Gemeinschaft findet sich nicht erst bei Hutten. Auch im Eingangsportal zum kulturellen Nationalismus, Celtis' Ode *Ad Germanos Poetas* von 1498, war es um ein Wechselverhältnis von Sprecher-Ich und der nationalen Gemeinschaft gegangen. Der Text beginnt mit der Wir-Gemeinschaft

31 Ukena 1982, S. 24.
32 Hutten, *Ain new Lied*, Str. 7.

von Autor-Ich und jungen Dichtern, geht über in die Selbstdarstellung des Ichs als eines großen Autors im Gefolge von Horaz und als eines Stifters zukünftiger Nationalliteratur, und er schließt mit dem Vorblick auf die erwartete Gemeinschaft der Deutschen, in deren literarischem Gedächtnis dann allerdings auch seine Verse ihren angemessenen Platz einnehmen werden.

Bei Hutten ist aus Celtis' sorgsam ausgewogenem Verhältnis zwischen dem sprechenden Ich und der nationalen Gemeinschaft eine harte, immer wieder umschlagende Dialektik geworden. Er imaginierte sich in seinen nationalistischen Texten als einsame Führerfigur der Nation und ging dann doch schutzsuchend in der Gemeinschaft auf, deren Mitglieder er zum tödlichen Kampf aufgerufen hatte. Und aus dem gemeinsam kämpfenden Wir erhebt sich am Ende wieder das alles überragende Ich.

Auf der Textebene ist das ein beachtlicher argumentativer Ablauf, und inhaltlich ist es eine wichtige Behauptung. Das Aufgehen des Subjekts in der nationalen Gemeinschaft und seine Resurrektion als großer Held gehören zusammen. Damit offerierte Hutten 1520 eine Redefigur, die seither zum Kernbestand nationalistischer Größenphantasien gehört und die in unterschiedlichen Varianten in der späteren Geschichte des Nationalismus Karriere machen sollte.[33] An Gedichten von Theodor Körner ließe sich dies ebenso gut zeigen wie an Preis- und Propagandatexten von Nationalsozialisten. Sie alle boten denen, die ihre Texte lasen, das Bild einer Subjektfigur an, mit der sie sich identifizieren und in einer nationalen Gemeinschaft als geborgen erfahren konnten, um mit ihr zu mächtiger Größe aufzusteigen. Huttens Texte sind ein frühes, extremes Beispiel der Ambivalenz von Autonomieanspruch und Heteronomiebedürfnis, die im Nationalismus zu ihrer politischen Konsequenz getrieben wurde.[34] Durch die Artikulation dieses Widerspruchs dürften nationalistische Texte, nicht nur die von Hutten, ihre Faszination auf dafür empfängliche Männer ausgeübt haben. Sie verweisen damit auf die Verwurzelung des Nationalismus in einem der zentralen Widersprüche, die unsere modernen Gesellschaften antreiben und gefährden.

33 Herrmann 2006.
34 Bielefeld 2003.

Autorschaft, Nation und Öffentlichkeit

Luthers protestantische Reformation ist der eine welthistorische Zusammenhang, dem Huttens Schriften ihren rasanten zeitgenössischen Erfolg verdankten; die Entstehung der modernen Medienwelt ist der andere. Auch hier greift die Wirkungsabsicht des Autors in die ästhetische Struktur seiner Texte ein und lässt sich aus deren Besonderheit rekonstruieren.

Huttens nationalistische Texte sind Ich-Botschaften. Sie treten auf mit der Autorität eines seiner selbst sicheren Sprechers, der eine Leserschaft anredet und ihr gegenüber seine Autorität und Glaubwürdigkeit erhöht, indem er sein fiktives Ich immer wieder mit biografischen Ereignissen aus dem Leben des realen Ulrichs von Hutten ausstaffiert. Dadurch entsteht bei der Lektüre ein schwebendes Gleiten zwischen literarischem Innenraum und realer Lebenswirklichkeit, zwischen ›Hutten‹ im Text und Hutten dem Autor – ein auffallendes stilistisches Merkmal dieser Texte, das vom Autor immer wieder gekonnt und wirkungsvoll eingesetzt wird. Wobei den Lesern vor allem ›Huttens‹ Leiden, Anfeindungen und Verfolgungen, insbesondere nach dem päpstlichen Bann gegen Hutten, in den Blick gerückt werden.

Ich habe dieses Spiel bisher stillschweigend akzeptiert und zwischen der Nennung von ›Hutten‹ innerhalb der Texte und deren realem Verfasser, Ulrich von Hutten, nicht weiter unterschieden. Jetzt aber ist zu fragen, wozu dieses Stilmittel denn nun dient.

Der literarische Wechsel zwischen einem fiktiv-literarischen und einem real-biografischen Ich ist an und für sich eine vertraute poetische Figur. In der klassischen Rhetorik wird er als Mittel zum Glaubhaftmachen empfohlen: Der den Zuhörern bekannte Redner spricht von sich selbst, legitimiert damit seine Rede und verstärkt ihre überzeugende Wirkung. Das ist auch in Huttens Texten so. Doch hier geht es noch um mehr. Mit ›Hutten‹ und dessen bekannten Bedrängnissen tritt innen im Text die außerliterarische politische Welt, auf die er sich bezieht, als Mitspieler auf.

Auch das ist nicht neu. Konrad Celtis hatte, vor allem in den Gedichten der *Amores*, dieselbe rhetorische Figur angewandt und die Deutschlandreise seines fiktiven ›Ichs‹ erkennbar mit Elementen von Reisen hinterlegt, die ihr Verfasser tatsächlich unternommen hatte. Es war der Zweck dieses Stilmittels, das Projekt eines ›deutschen Vaterlandes‹ zu installieren, indem der Autor es als Deutungsmuster seiner persönlich erlebten Wirklichkeit vorstellte. Und so haben denn auch seine Texte gerade dadurch reale Individuen zur gemeinsamen Arbeit an einem als wirklich vorgestellten ›Deutschland‹ angeregt.

Die Absicht und die Wirkung von Huttens Texten gingen darüber hinaus. Sie sollten mit ihrer performativen Rede das Bild der politischen Wirklichkeit modellieren. Und sie sollten ihre Leserschaft zu einem Kampf aktivieren, der durch die Verleumdungen und Verletzungen zwingend geworden zu sein schien, die ›Hutten‹ hatte durchstehen müssen. Sie haben damit in der Tat eine bisher einmalige Wirkungsbreite und -tiefe bei ihren Rezipienten erreicht.

Dabei hatte Celtis noch für einen geschlossenen, überschaubaren Kreis von ›Gelehrten‹ geschrieben; Hutten jedoch schrieb für ›alle‹ Deutschen:

> Allen und jeden teutschen Nation, Fürsten Herren, Edelleuten, Burgeren und Gemeinen, was Stands oder Wesens die seind, entbeut ich, Ulrich von Hutten, meine […] Diens zuvor.[35]

So entbietet er eingangs der *Klagschrift* von 1520 seinen Gruß. Und am Ende von *Clag vnd vormanung* heißt es beim geplanten Aufbruch gegen Rom:

> Des hoff ich, mancher Ritter tu,
> manch Graf, manch Edelmann darzu,
> manch Burger, der in seiner Stadt
> der Sachen auch Beschwernus hat.[36]

Tatsächlich erreichten seine Schriften dann vor allem einen Personenkreis, der in der Sprache der Zeit »der gemeine Mann« genannt wurde und der heute mit »jedes rechtsfähige Mitglied einer städtischen oder dörflichen Gemeinde« beschrieben wird.[37] So griffen denn seine Texte auch wirklich in die zeitgenössischen religionspolitischen Auseinandersetzungen der ersten Reformationsjahre ein, zeigten politisch Wirkung und schufen dadurch die freiheits- und lebensbedrohende Situation ihres Autors, von der sie berichten. Sie waren Literatur und zugleich politische Handlungen. Und sie konnten das nicht nur, weil ihr Autor politischer war als seine humanistischen Vorgänger und Freunde, sondern auch deshalb, weil sich in den zwanzig Jahren seit-

35 Hutten, *Klagschrift*. Ukena, S. 176.
36 Hutten, *Clag vnd vormanung*, S. 242.
37 Schilling 1990, S. 51.

her nicht nur die Welt, sondern auch die Situation von Schriftstellern grundlegend geändert hatte.

*

Mitte das 15. Jahrhunderts hatte Johannes Gutenberg (ca. 1400–1468) den modernen Buchdruck und die Anfänge eines organisierten Buchvertriebs erfunden. Die Geschichte des Humanismus ist ohne Blick auf diese ›Gutenbergrevolution‹ nicht zu verstehen. In den Texten des deutschen Frühnationalismus ist sie entsprechend gewürdigt worden. Kaum einer von ihnen, in dem ihr Verfasser nicht mit Stolz erwähnt, dass am Anfang dieser großartigen Technik ein Deutscher gestanden habe und nicht etwa ein Italiener oder Franzose.

Die Auswirkungen von Gutenbergs Erfindung waren nicht auf die gelehrte Welt beschränkt geblieben. Die Kirche machte sich das neue Medium für die Verbreitung von Predigten und Erbauungsschriften zunutze, und seit 1453 florierten volkssprachlich gedruckte Schriften als Reaktion auf die Eroberung Konstantinopels durch die Türken. Die Einnahme dieser letzten großen christlichen Bastion im Osten durch die ›Heiden‹ war von der Kurie und den humanistischen Eliten als Autoritätsverlust und als Bedrohung der politischen, sozialen und moralischen Ordnung wahrgenommen worden und hatte seit 1470 zu einem enormen publizistischen Kampf gegen die vermeintlichen Urheber dieser Krise geführt. Überall waren Türkenreden, Türkenpredigten und Türkengebete entstanden und gedruckt worden, von Anfang an hatte es Türkenbullen gegeben und bald massenhaft Türkenflugblätter. Mit dieser Flut war in der zweiten Hälfte des 15. Jahrhunderts eine breite publizistische Öffentlichkeit entstanden, wie sie bis zur Reformationszeit nicht ihresgleichen haben sollte.

Im unmittelbaren Vorfeld der Reformation war ein ähnlich gesteigertes Krisenbewusstseins entstanden; es hatte eine publizistische Aktivität zur Folge, die von noch breiteren Kreisen getragen wurde und in der es kontroverser zuging. Auch das Themenspektrum war vielfältiger geworden. Es umfasste alle inzwischen angewachsenen Probleme der religions- und sozialpolitischen Situation bis hin zur Lage der Bauern, was zu einer eigenen Mediengattung, der politischen ›Flugschrift‹, geführt hatte, in der die strittigen Fragen in hinreichender Gründlichkeit behandelt werden konnten, oft mit großer Härte gegenüber dem Gegner und oft auch in raschem Schlagwechsel. Von 1517 bis 1523 ist die Zahl von Flugschriften sprunghaft angestiegen, in gewissem Umfang in Latein, um das Sechsfache mehr auf Deutsch. Danach fiel die Zahl rasch ab.[38]

In diese neue, eigenständige »reformatorische Öffentlichkeit«[39] hat sich ab 1519 auch Ulrich von Hutten mit seinen eigenen Büchern und Flugschriften eingemischt und dort sofort eine führende Rolle übernommen. Er hat das neue Medium virtuos zu nutzen verstanden und hat z.T. selbst für dessen Druck und Verbreitung gesorgt. Er hat seine lateinischen Schriften ins Deutsche übersetzen lassen oder selbst übersetzt und die letzten von ihnen direkt auf Deutsch verfasst. Und er hat dann die meisten von ihnen noch einmal zu Büchern zusammengestellt und ein weiteres Mal in Druck und Vertrieb gegeben. In diesen wenigen Jahren hat er insgesamt 22 lateinische und 15 deutsche Flugschriften veröffentlicht, mit mehr als 75 Druckausgaben[40] – gegen Ende zunehmend dem Kampf für seine ›Nation‹ gewidmet.

*

Schon früh hat Hutten sich als Mann der Öffentlichkeit verstanden: ›Auf Markt, Straßen, Plätzen, Wegkreuzungen und überall, wo sich Menschen und Götter versammeln‹, soll in Huttens *Arminius* das Sprachrohr des Autors, Merkur, den Ruhm des germanischen Vaterlandsbefreiers Arminius verkünden.[41] 1518 hatte er seine nationalistische Publizistik begonnen mit dem brieflichen Stoßseufzer: *Quodsi me audiat Germania*,[42] und 1520 trat er seiner deutschen Leserschaft gegenüber. Er habe vom gelehrten Lateinischen ins populäre Deutsche gewechselt, um *eim jeden* verständlich zu sein:

> Jetzt schrei ich an das Vaterland
> teutsch Nation in ihrer Sprach[43]

Wen er hier anschreit und zu überzeugen und anzutreiben sucht, das sind in seinen Texten nicht einzelne Leser, die er im Bild des Vaterlandes zusammenfasst, sondern seine Leserschaft ist das *Vaterland,* ist *Germania,* die Gemeinschaft der Deutschen, die für ihn die Nation ausmacht. In der imaginierten Welt von Huttens Texten ist

38 Schwitalla 1999, S. 55.
39 Wohlfeil 1984.
40 Schwitalla 1999, S. 54.
41 Hutten, *Arminius*, S. 235.
42 Scheuer 1973, S. 139.
43 S.o. bei Anm. 172

das – männliche – Publikum, das er mit seinen Texten anspricht, identisch mit dem *Teutschland*, das er von der Kurie bedroht sieht und dessen verlorene Freiheit und Moral er zurückholen will. Die *Nation*, von der er in seinen Texten spricht, und die Leser, die er mit ihnen meint, sind ein und dasselbe.

*

Huttens Konzept von Nation und Leserschaft ist 150 Jahre später mit einer anschaulichen Formel beschrieben worden. Als der junge Herder in den 1770er-Jahren seine Vorstellungen von einer nationalen Literatur zu formulieren begann, verwies er emphatisch auf das englische Publikum, das er den Deutschen als Ideal vorhielt. Dort finde man eine wirkliche Nation: Die englischen Schriftsteller würden nicht wie die deutschen für die Rezensenten schreiben, sondern für *Nation! Volk! einen Körper, der Vaterland heißt.*[44]

Das Publikum der Schriftsteller als der *Körper, der Vaterland heißt* – Herders Diktum kennzeichnet die tragende Rolle von Schriftstellern bei der Entstehung des Nationalismus und zugleich die ›poetologische‹ Bedeutung des Deutungsmusters der Nation für nationalistische Autoren. Sie erschreiben sich ein Publikum, wenn sie über die ›Nation‹ schreiben.

Es sind anerkannte Thesen der Nationalismusforschung, dass die Entstehung des neuzeitlichen Nationalismus auch ein Ergebnis erweiterter sozialer Kommunikationsstrukturen gewesen sei[45] und dass dabei Schriftsteller eine wichtige Funktion innegehabt hätten.[46] Mit ihrer Gleichsetzung von Nation und Publikum markieren Huttens nationalistische Schriften für Deutschland den Beginn einer sich nun über Jahrhunderte hinweg erstreckenden Entwicklung. Es waren immer wieder Schriftsteller, die eine neue Wendung in der Geschichte des Nationalismus angestoßen haben: nach Hutten etwa Moscherosch, Lohenstein, Opitz und die Schlesier, dann Klopstock, Gleim, Ernst Moritz Arndt und Theodor Körner, schließlich die zahllosen nationalistischen Schriftsteller im Wilhelminismus und im Nationalsozialismus.

Germania, die *Teutsch Nation* – das bezeichnete für den Schriftsteller Hutten nicht nur eine politische, sondern zugleich auch eine

44 »Vorrede« zu »Alte Volkslieder«. Johann Gottfried Herder. Werke in zehn Bänden. Band 3. Hg. Ulrich Gaier. Frankfurt a.M. 1990, S. 24.

45 Deutsch 1953.

46 Hroch 1978, Deutsch 1966, Gellner 1991.

soziale Wirklichkeit. Es bezeichnete die historisch neue, quer zur Ständeordnung gelagerte Öffentlichkeit all derer, die durch das auf Deutsch gedruckte Wort direkt oder vermittelt erreicht werden konnten. Innerhalb dieser Gruppe erschrieb sich Hutten ein eigenes deutsches Publikum, nicht unbedingt gelehrt, aber lese- und ›rechtsfähig‹ und ansprechbar für Probleme von öffentlichem Interesse. Der Autor fand darin seine Lebensaufgabe; es verschaffte ihm Geld, ungewöhnlich großen Zuspruch und lebensbedrohende Feindschaften. Und allen, die seine Schriften lasen oder vorgelesen bekamen, wurde damit gesagt, was sie immer schon hätten wissen sollen: dass sie ›Deutsche‹ seien und damit Teil eines eigenen Vaterlandes, das ihnen Schutz versprach, und einer deutschen Nation, die ihnen Macht über all ihre Feinde verhieß.

IV Schlussbemerkung

Was die These dieses Buches betrifft, habe ich zu zeigen versucht, wie strukturelle Veränderungen in der spätmittelalterlichen Gesellschaft die politischen und intellektuellen Eliten Mitteleuropas dazu veranlasst haben, einen neuen Ordnungsdiskurs zu entwickeln, mit dem sie ihre politische und kulturelle Welt als in ›Nationen‹ gegliedert deuteten – wobei der Zugehörigkeit zu einer ›Nation‹ ein besonderer Wert für deren Mitglieder zukommen sollte. Aus dem geografischen Ordnungsbegriff der *natio* für einzelne mittelalterliche Institutionen wie Herbergen, Universitäten und Konzilien war in einer nicht vorhersehbaren Entwicklung bis 1450 ein neues Deutungsmuster der politischen Wirklichkeit und ein wertbesetzter politischer Identitätsbegriff geworden.

Ich habe zu zeigen versucht, dass mit dieser gesamteuropäischen Entwicklung auch ein deutscher Nationalismus entstand. Seit der zweiten Hälfte des 15. Jahrhunderts prägte der politische Begriff einer ›deutschen Nation‹ das Selbstverständnis der Reichsstände und die politische Propaganda Friedrichs III. und Maximilians I.

Ich habe weiter zu zeigen versucht, wie eine kleine Gruppe von Schriftstellern, Künstlern, Naturwissenschaftlern und ›Gelehrten‹ sich ermächtigt wusste, in Texten unterschiedlicher Art neben dem Deutungsmuster einer politischen deutschen Nation den Entwurf einer kulturellen deutschen Nation auszuarbeiten, in der die Kirche keine Rolle spielte und die Standesregeln außer Kraft gesetzt waren. Sie hatten ihren Nationalismus, angeregt durch den italienischen Humanismus und in ›Anlehnung‹ an das Reich, aber als selbstständiges eigenes Projekt entwickelt.

Ich habe weiter zu zeigen versucht, wie der Humanist und politische Schriftsteller Ulrich von Hutten den kulturellen Humanismus seiner Vorgänger politisierte.

Und ich habe zu zeigen versucht, dass es sinnvoll ist, in diesem ›frühen‹ deutschen Nationalismus den Anfang – und nicht eine Vorstufe des klassischen deutschen Nationalismus zu sehen: ein modernes Projekt in einer in Bewegung geratenen, vormodernen Welt.

Seit 1525 gibt es das voll entwickelte Deutungsmuster einer deutschen Nation in ihrer janusköpfigen Gestalt: integrierend-produktiv und abgrenzend-aggressiv, mit einer mal stärker kulturellen, mal stärker politischen Ausrichtung und mit einem ausgearbeiteten Vokabular an einschlägigen, symbolisch aufgeladenen und affektiv besetzten Begriffen und Denkbildern, zentriert in den spezifischen Vorstellungen vom ›Vaterland‹ und von der ›nationalen Gemeinschaft‹ der Deutschen.

Es war ein Deutungsmuster, das in den folgenden Jahrhunderten von Autoren, Gruppen und Regierenden aufgegriffen und weiterentwickelt wurde, in unterschiedlichen Machtkonstellationen, zu unterschiedlichen Zwecken und nach unterschiedlichen Richtungen, bis es vom 19. Jahrhundert an als ›klassischer‹ oder ›moderner‹ Nationalismus zur vorherrschenden Ideologie des deutschen Nationalstaats wurde und im Nationalsozialismus seine fürchterliche Form gewann.

*

Über diese Entwicklungsgeschichte des deutschen Frühnationalismus hinaus habe ich versucht, einige mir wichtig erscheinende Strukturelemente und Funktionsweisen des Nationalismus zu rekonstruieren, um seine Wirkungsmechanismen besser zu verstehen. Und ich habe versucht, durch den von den Soziologen übernommenen Begriff des »Deutungsmusters« und durch eine konsequente Interpretation des Nationalismus als aktives Handeln von Individuen und Gruppen der Beschäftigung mit ihm einen etwas festeren methodischen Halt zu geben.

*

Angesichts dieser langen Geschichte des Nationalismus sollte es möglich sein, auch seine gegenwärtigen Neuauflagen besser einzuordnen. Es sollte nicht als etwas Überraschendes, Unerhörtes angesehen werden, dass es auch heute anschwellende, militant nationalistische Wünsche, Theorien und Handlungen gibt, um im scheinbar festen Haus der Nation Sicherheit vor dem bedrohlichen ›Draußen‹ zu finden und um ›drinnen‹ an gesellschaftlicher Macht zu gewinnen.

Und der Krieg in der Ukraine? Er allerdings ist das Unerhörte, das die Führungsschichten Europas nie hätten entstehen lassen dürfen. Die nationalistische Form jedoch, mit der vor allem die Ukraine diesen Krieg führt, muss nicht verwundern. Und dies nicht nur, weil es sie schon so lange gibt, sondern deshalb, weil sich die Aufteilung Europas in territorial definierte Nationen seit damals nicht geändert hat. Weil wir auch uns selber immer noch als Nation verstehen, territorial, politisch und juristisch geschieden von den anderen

Nationen – und mit der nationalen Staatsbürgerschaft als zentralem politischen Identitätsmerkmal aller. Solange dieses Deutungsmuster derart unser politisches und soziales Leben beherrscht, kann es immer wieder Versuche geben, auch das kriegerische Potenzial des Nationalismus zu benutzen, um aggressive Emotionen zu wecken, bergende Gemeinschaften zu versprechen und um dem Leben jedes Einzelnen einen höheren Sinn zu geben, bis zu dem Sinn, für die jeweilige Nation zu sterben.

So, wird es – mit entgegengesetzter politischer Perspektive – auch weiterhin anspruchsvolle Versuche geben, nach seinem integrativen Potenzial zu fragen. Wie etwa bei Saskia Sassen in einer gewichtigen Studie, in der sie versucht hat, in einem weitgespannten historischen, rechtsphilosophischen und rechtspolitischen Rahmen zu begründen, weshalb zentrale Institutionen der Nation (s. Untertitel) gerade unter den Aspekten der Globalisierung weiter präsent und unverzichtbar seien.[1] Oder auch wie bei Aleida Assmann, die 2018 die Formel aufgegriffen hat, wir dürften »die Nation nicht den Rechten überlassen« und diese Forderung kürzlich noch einmal ausführlich begründet hat – wie problematisch ihre Überlegungen dort dann auch ausgefallen sind.[2]

Es spricht einiges dafür, dass auch unser Jahrhundert noch eine Zeit lang mit dem Nationalismus zu tun haben wird, in allen seinen Formen.

1 Sassen 2008.
2 Assmann 2020.

Anhang

Von den drei interpretierten Texten, die ich aufgrund ihrer Kürze hier abdrucken kann, stehen die beiden Gedichte von Konrad Celtis am Anfang meiner Geschichte des deutschen Frühnationalismus und Ulrich von Huttens »Lied« steht kurz vor ihrem Ende. Sie dokumentieren auch historisch dessen Beginn und Ende. Für die Fundorte siehe das Verzeichnis der Primärliteratur.

Konrad Celtis

AD PHOEBUM, UT GERMANIAM PETAT

Phoebe, qui blandae citharae repertor,
linque delectos Helicona, Pindum et,
ac veni in nostras vocitatus oras
    carmine grato.
Cernis, ut laetae properent Camenae,
et canant dulces gelido sub axe;
tu veni incultam fidibus canoris
    visere terram.
Barbarus quem olim genuit vel acer
vel parens hirtus, Latii leporis
nescius, nunc sit duce te docendus
    dicere carmen,
Orpheus qualis cecinit Pelasgis,
quem ferae atroces agilesque cervi
arboresque altae nemorum secutae
    plectra moventem.
Tu celer vastum poteras per aequor
laetus a Graecis Latium videre,
invehens Musas, voluisti gratas
    pandere et artes.
Sic velis nostras rogitamus oras
Italas ceu quondam aditare terras,
barbarus sermo fugiatque, ut atrum
    subruat omne.

1485; Amores 2,9.

AN APOLL, ER SOLLE NACH DEUTSCHAND KOMMEN

Phoebus, du Erfinder der lockenden Leier,
verlasse Helikon und Pindus, die du erwähltest,
und komm in unsere Lande, gerufen von einem
willkommenen Lied!
Du siehst doch, wie froh die Musen herbeieilen
und süß unter kaltem Himmel singen;
komm du, das ungebildete Land mit klingenden
Saiten besuchen!
Der Barbar hier, einst gezeugt von einem rauen,
ungebildeten Vater, er kennt Latiums Charme
nicht: er soll jetzt unter deiner Leitung lernen,
ein Lied vorzutragen,
wie einst Orpheus es den Hellenen sang,
dem die wilden Tiere und hurtigen Hirsche
und die hohen Bäume der Wälder folgten, als er
in die Saiten griff.
Du konntest ja von den Griechen aus schnell
über das hohe Meer froh Latium erblicken
und die Musen hinführen und wolltest so die schönen
Künste verbreiten.
Betritt nun, wir bitten dich, unsere Lande,
wie einst die Länder Italiens,
und die barbarische Sprache suche das Weite, damit
das ganze Dunkel verschwindet.

Konrad Celtis

AD GERMANOS POETAS

Carmina Germano, iuvenes, quae lusimus orbe,
aequate vel superate nostra, posteri!
Illa mihi, patrios cupio dum visere fines,
sunt parta nostris maximis laboribus.
Sed neque ego Latios me dicam aequasse poetas,
aut docta quos tulit viros Hispania.
Primus ego invexi rudibus mea carmina verbis,
qui me sequentur, doctiora proferent.
Ennius in tenera sic lusit carmina Roma,
Lucretius cum ceteris prioribus,
Virgilius quorum discussit carmina cuncta,
a vepribus doctus rosas recolligens.
Ast alii Graios imitati forte poetas,
comoedias, tragoedias reliquerant,
in lyricis princeps superans sed Horatius omnes,
de fonte Graio cuncta vates hauserat.
Inter Germanos mea, sic rogo, carmina durent,
ut Italis Horatius sub finibus.

1497; Epoden XII.

AN DIE DEUTSCHEN DICHTER

Unsere Lieder, die wir im deutschen Lande spielten,
erreicht sie oder übertrefft sie, Jugend der Zukunft!
Ich habe sie, während ich das ganze Vaterland zu sehen begehrte,
unter größten Anstrengungen hervorgebracht.
Doch behaupte ich nicht, die Dichter Roms erreicht zu haben
oder die Männer, die das gelehrte Spanien gebar.
Als erster habe ich eigene Gedichte in einfachen Worten eingeführt;
die auf mich folgen, werden kunstvollere hervorbringen.
So spielte Ennius im jungen Rom seine Lieder,
so mit den übrigen Vorläufern Lukrez;
all ihre Gedichte hat Vergil geschlagen,
klug von den Dornen seine Rosen sammelnd.
Während wohl andere in Nachahmung griechischer Dichter
Komödien, Tragödien hinterließen,
war in der Lyrik der Sänger Horaz der Erste, übertraf alle anderen
und nahm alles aus dem griechischen Quell auf.
Ich bitte, dass bei den Deutschen meine Lieder so von Dauer sind,
wie Horaz in italienischen Landen.

Ulrich von Hutten

¶ Ain new lied herr Vlrichs von Hutten.

¶ Ich habs gewagt mit ſinnen
vnd trag des noch kain rew
Mag ich nit dran gewinnen
noch můß man ſpüren trew
Dar mit ich main
nit aim allain
Wen man es wolt erkennen
dem land zů gůt
Wie wol man thůt
ain pfaffen feyndt mich nennē

¶ Da laß ich yeden liegen
vnd reden was er wil
Het warhait ich geſchwigen
Mir weren hulder vil
Nun hab ichs gſagt
Bin drumb veriagt
Das klag ich allen frummen
Wie wol noch ich
Nit weyter fleich
Vileycht werd wyd kumen.

¶ Vmb gnad wil ich nit bitten
Die weyl ich bin on ſchult
Ich het das recht gelitten
So hindert vngedult
Das man mich nit
Nach altem ſit
Zů ghoͤr hat kummen laſſen
Vileycht wils got
Vnnd zwingt ſie not
Zů handlen diſer maſſen

¶ Nun iſt offt diſer gleychen
Geſchehen auch hie vor
Das ainer von den reychen
Ain gůtes ſpil verlor
Offt groſſer flam
Von füncklin kam
Wer wais ob ichs werd rechen
Stat ſchon im lauff
So ſetz ich drauff
Můß gan oder brechen

¶ Dar neben mich zů tröſten
Mit gůtem gwiſſen hab
Das kainer von den böſten
Mir eer mag brechen ab
Noch ſagen das
Vff ainig maß
Ich anders ſey gegangen
Dan Eren nach
Hab dyſe ſach
In gůtem angefangen

¶ Wil nun yr ſelbs nit raten
Dyß frumme Nation
Irs ſchadens ſich ergatten
Als ich vermanet han
So iſt mir layd
Hie mit ich ſchayd
Wil mengen baß die karten
Byn vnuerzagt
Ich habs gewagt
Vnd wil des ends erwartē.

¶ Ob dā mir nach thůt denckē
Der Curtiſanen liſt
Ain hertz laſt ſich nit krencken
Das rechter maynung iſt
Ich wais noch vil
Wöln auch yns ſpil
Vnd ſoltens drüber ſterben
Auff landßknecht gůt
Vnd reutters můt
Laſt Hutten nit verderben.

¶ Getruckt ym Jar. XXI.

IV 23.

Flugblatt 1521

Hutten zeichnet als Autor (nur) mit den ersten drei Worten des Gedichtes: an seinem Wahlspruch »Ich hab's gewagt«, den er gezielt zu seinem Markenzeichen gemacht hatte, sollte jederman den Verfasser sofort erkennen.

Ich habs gewagt mit Sinnen
Und trag des noch kein Reu,
Mag ich nit dran gewinnen,
Noch muß man spüren Treu;
Darmit ich mein
Nit eim allein,
Wenn man es wollt erkennen:
Dem Land zu gut,
Wiewohl man tut
Ein Pfaffenfeind mich nennen.

Da laß ich jeden liegen
Und reden was er will;
Hätt Wahrheit ich geschwiegen,
Mir wären hulder viel.
Nun hab ichs gsagt,
Bin drumb verjagt,
Das klag ich allen Frummen,
Wiewohl noch ich
Nit weiter fleich,
Vielleicht werd wiederkummen.

Umb Gnad will ich nit bitten,
Dieweil ich bin ohn Schuld;
Ich hätt das Recht gelitten,
So hindert Ungeduld,
Daß man mich nit
Nach altem Sitt
Zu Ghör hat kummen lassen;
Vielleicht wills Gott,
Und zwingt sie Not,
Zu handlen dieser maßen.

Nun ist oft desergleichen
Geschehen auch hie vor,
Daß einer von den Reichen
Ein gutes Spiel verlor;
Oft großer Flamm
Von Fünklin kam,
Wer weiß, ob ichs werd rächen;
Staht schon im Lauf,
So setz ich drauf:
Muß gahn oder brechen.

Darneben mich zu trösten
Mit gutem Gwissen hab,
Daß keiner von den Bösten
Mir Ehr mag brechen ab,
Noch sagen, daß
Uff einig Maß
Ich anders sei gegangen
Dann Ehren nach;
Hab diese Sach
In gutem angefangen.

Will nun ihr selbs nit raten
Dies frumme Nation,
Ihrs Schadens sich ergatten,
Als ich vermahnet han:
So ist mir leid,
Hiemit ich scheid,
Will mengen baß die Karten;
Bin unverzagt,
Ich habs gewagt
Und will des Ends erwarten.

Ob dann mir nach tut denken
Der Kurtisanen List,
Ein Herz laßt sich nit kränken,
Das rechter Meinung ist.
Ich weiß noch viel,
Wölln auch ins Spiel,
Und solltens drüber sterben:
Auf, Landsknecht gut
Und Reuters Mut,
Laßt Hutten nit verderben!

Ukena 1970, S. 248ff.

Literatur

In die Liste aufgenommen sind die Werke und Autoren, mit denen ich gearbeitet habe. Bloße Nennungen im Text habe ich hier nicht aufgeführt.

Quellen

Bebel, Heinrich

Demonstratio quod Germani sunt indigenae

Zinsmaier, Thomas (Hg.): Heinrich Bebel, Patriotische Schriften: sechs Schriften über Deutsche, Schweizer und Schwaben. Übersetzt, erläutert und eingeleitet von Thomas Zinsmaier. Konstanz 2007, hier S. 66–85 (lat. und deutsch).

Oratio ad regem Maximilianum de laudibus atque amplitudine Germaniae

Zinsmaier, S. 7–63

Brant, Sebastian

Beschreibung etlicher gelegenheyt Teutsches lands an wasser, berg, stetten vnd grentzen mit anzeygung der meilen vnd strassen von statt zu statt (nach 1513)

Varrentrapp, Konrad: Sebastian Brants Beschreibung von Deutschland und ihre Veröffentlichung durch Caspar Hedio, in: Zeitschrift für die Geschichte des Oberrheins, Neue Folge, Bd. XI, 1896, S. 289–308.

Celtis, Konrad

Amores

Pindter, Felicitas (Hg.): *Quattuor libri Amorum secundum quattuor latera Germaniae/Accedunt carmina aliorum ad libros Amorum pertinentia. Conradus Celtis Protucius.* Ed. Felicitas Pindter. Leipzig 1934.

Am 2,9

Ad Elsulam a priscis et sanctis Germaniae moribus degenerantem

Kühlmann, Wilhelm (u.a. Hg.): Humanistische Lyrik des 16. Jahrhunderts. Lateinisch und deutsch. Frankfurt a.M. 1997, S. 104–113.

Am 4,5

Ad Phoebum ut Germaniam petat

Schäfer, Eckart (Hg.): Konrad Celtis: Oden, Epoden, Jahrhundertlied. Libri odarum quattuor, cum epodo et saeculari carmine (1513). Übersetzt und herausgegeben von Eckart Schäfer. Tübingen 2012, S. 302–305. [Text im Anhang]

Epode XII

Ad Germanos poetas

Schäfer, Eckart, (Hg.): S. 340–343. [Text im Anhang]

Germania generalis
Müller, Gernot Michael: Die *Germania generalis* des Conrad Celtis. Studien mit Edition, Übersetzung und Kommentar. Tübingen 2001.

Norimberga
De origine, situ, moribus et institutiones Norimbergae libellus.
Werminghoff, Albert (Hg.): Conrad Celtis und sein Buch über Nürnberg von Albert Werminghoff, Freiburg i.B. 1921, S. 99–204.

Panegyris
Conradi Celtis Protucii, Germani imperatoris manibus poetae laureati, panegyris ad duces Bavariae et Philippum Palatinum Rheni, dum in Ingelstadio donatus fuisset publico stipendio
Gruber, Joachim (Hg.): Conradi Celtis Protucii Panegyris ad duces Bavariae: mit Einleitung, Übersetzung und Kommentar. Wiesbaden 2003.

Cochlaeus, Johannes

Brevis Germanie descriptio.
a) Langosch, Karl (Hg.): Brevis Germanie descriptio (1512); mit der Deutschlandkarte des Erhard Etzlaub von 1501. Übersetzt und kommentiert von Karl Langosch. Darmstadt 1976.
b) Cochlaeus, Johannes: Kurze Beschreibung Germaniens. Brevis Germanie descriptio (1512). In der Übersetzung von Karl Langosch. Mit einer Einführung von Volker Reinhardt. Darmstadt 2010.

Herder, Johann Gottfried

Volkslieder. In: Ulrich Gaier (Hg.): Herder, Werke in zehn Bänden, Band drei: Volkslieder, Übertragungen, Dichtungen. Frankfurt a.M. 1990, S. 24, Z. 19–21.

Hutten, Ulrich von

Hutteni, Ulrichi: Opera. Ed. Eduardus Böcking. Vol. 1–5 et Suppl. I–II. Leipzig 1859–1869. (Nachdruck Aalen 1963).
Mettke, Heinz (Hg.): Ulrich von Hutten. Deutsche Schriften. Ausgewählt von Heinz Mettke. 2 Bde. Leipzig 1972.

Ain new Lied Herr Vlrichs von Hutten
Mettke, Bd. 1, S. 245–246.

An Pirckheimer
Ulrich von Hutten: Brief an Willibald Pirckheimer. Übersetzt und eingeleitet von Winfried Trillitzsch. In: Laub, Peter (Hg.): Ulrich von Hutten. Ritter, Humanist, Publizist 1488–1523. Kassel 1988, S. 211–229.

Arminius
Arminivs Dialogus Huttenicus, Quo homo patriae amantissimus, Germanorum laudem celebravit
Scan der Ausgabe von 1518 in der österreichischen Nationalbibliothek: http://digital.onb.ac.at/OnbViewer/viewer.faces?doc=ABO_%2BZ179371604
Deutsch: Ulrich von Hutten: Die Schule des Tyrannen. Lateinische Schriften. Herausgegeben von Martin Treu. Leipzig 1991, S. 191–306.

Clag vnd vormanung

Clag vnd vormanung gegen dem übermäßigen vnchristlichen gewallt des Bapsts zu Rom, vnd der vngeistlichen geistlichen, durch Herren Vlrichen von Hutten, Poeten vnd Orator der gantzen Christenheit, vnd züuoran dem vatterland Teütscher Nation zü nutz vnd gut, von wegen gemeiner beschwernuß, vnd auch seiner eigen notturfft in Reymens weyß beschriben.

Mettke, Bd. 2, S. 35–81.

Die Anschauenden

in: *Dialogus oder gesprech büchlin / herrn Vlrichs von Hutten / die Anschavenden genant.*

Mettke, Bd. 1, S. 154–185.

Klagschrift

Ein Klagschrift Herr Ulrichs von Hutten an gemein teutsche Nation gegen und wider den tyrannischen Gewalt des Papstes, Rom und seiner Romanisten.

Peter Ukena (Hg.): Ulrich von Hutten. Deutsche Schriften. München 1970.

Körner, Theodor

Aufruf (1813)

In: Theodor Körner: Leyer und Schwert. Berlin 1814, S. 37. Deutsches Textarchiv, https://www.deutschestextarchiv.de/book/view/koerner_leyer_1814/?hl=Aufruf&p=49; 25.11.22.

Murner, Thomas

Borries, Emil von: Wimpfeling und Murner im Kampf um die ältere Geschichte des Elsasses. Ein Beitrag zur Charakteristik des deutschen Frühhumanismus. Heidelberg 1926, S. 208/9 und 35.

Peutinger, Konrad

Sermones conivalis

Peutinger, Konrad: Tischgespräche (Sermones convivales) und andere Druckschriften. Faksimile-Edition der Erstdrucke mit einer Einleitung von Johannes Burckhardt und einer kommentierten Übersetzung von Helmut Zäh und Veronika Lukas. Hildesheim – Zürich – New York 2016.

Piccolomini, Enea Silvio

Germania

Widmer, Berthe (Hg.): Enea Silvio Piccolomini, Papst Pius II. Ausgewählte Texte aus seinen Schriften. Übersetzt und biographisch eingeleitet. Basel/Stuttgart 1960.

Schmidt, Adolf: Der Brieftraktat an Martin Mayer und Jakob Wimpfelings Antworten und Einwendungen an Enea Silvio. Übersetzt und erläutert. Köln – Graz 1962.

Oratio de Constantinopolitana clades

Deutsche Reichstagsakten – Bd. 19: Ältere Reihe, Deutsche Reichstagsakten unter Kaiser Friedrich III.; Abt. 5, Teil 2: Reichsversammlung zu Frankfurt 1454, Helmrath, Johannes [Bearb.], 2013.

Pirckheimer, Willibald

Germaniae ex variis scriptoribus per brevis explicatio

Bernhardt Ebneth: Pirkheimer, Willibald: in: Neue Deutsche Biographie 20 (2001), S. 475 [Online-Version]; URL: https://www.deutsche-biographie.de/pnd118594605.html#ndbcontent

Rhenanus, Beatus

Rerum Germanicarum libri tres.

Beatus Renanus: Rerum Germanicarum libri tres (1531). Ed. Felix Mundt: Ausgabe, Übersetzung, Studien. Tübingen 2008.

Sierck, Konrad von

Abschiedt

Abschiedt zwischen Geistlichen Churfürsten, mit waß mittel das Rom. Reich wieder aufzubringen wäre, und wie man im künfftigen Concilio reden solle. Leopold von Ranke: Deutsche Geschichte im Zeitalter der Reformation. Bd. 6, Hist. Krit. Ausgabe, herausgegeben von Paul Joachimsen. München 1926, S. 14–23.

Trithemius, Johannes

Catalogus illustrium virorum Germaniae suis ingenijs et lucubrationibus omnifariam exornantium, 1491–1495 [erschienen Mainz 1495].

Vidal, Pierre

Karl Bertau: Deutsche Literatur im europäischen Mittelalter. Bd. 1, München 1972, S. 701.

Wimpfeling, Jakob

Declaratio Jacobi Wampfelingii ad mitigandum adversarium [1502]

Börries, Emil von: Wimpfeling und Murner im Kampf um die ältere Geschichte des Elsasses. Heidelberg 1926, S. 156–185.

Germania Jacobi Wimpfelingii ad Rempublicam Argentinensem Straßburg 1501.

Börries, Emil von: Wimpfeling und Murner im Kampf um die ältere Geschichte des Elsasses. Heidelberg 1926, S. 90–175.

Forschung

Alter, Peter, 1985: Nationalismus. Frankfurt a.M.

Anderson, Benedict, 1983: Imagined Communities. Reflections on the Origins and Spread of Nationalism. London.

Anderson, Benedict, 1988: Die Erfindung der Nation. Zur Karriere eines folgenreichen Konzepts. Frankfurt a.M., New York.

Assmann, Alaida, 2020: Die Wiedererfindung der Nation. Warum wir sie fürchten und warum wir sie brauchen. München.

Aurnhammer, Achim, 2006: Vom Humanisten zum »Trotzhumanisten«. Huttens poetische Rom-Polemik. In: Disselkamp, Martin (Hg.): Das alte Rom und die neue Zeit. Variationen des Rom-Mythos zwischen Petrarca und dem Barock. Tübingen, S. 153–169.

Becker, Arnold, 2013: Ulrichs von Hutten polemische Dialoge im Spannungsfeld von Humanismus und Politik. Göttingen, Bonn.

Berdahl, Robert M., 1978: Der deutsche Nationalismus in neuer Sicht. In: Winkler 1978, S. 138–154 (zuerst 1972).

Bielefeld, Ulrich, Gisela Engel (Hg.), 1998: Bilder der Nation. Kulturelle und politische Konstruktionen des Nationalen am Beginn der europäischen Moderne. Hamburg.

Bielefeld, Ulrich 2003: Nation und Gesellschaft. Selbstthematisierungen in Deutschland und Frankreich. Hamburg.

Blitz, Hans-Martin, 2000: Aus Liebe zum Vaterland. Die Deutsche Nation im 18. Jahrhundert. Hamburg.

Bogdal, Klaus-Michael, 2016: Europa erfindet die Zigeuner: eine Geschichte von Faszination und Verachtung. Berlin.

Borries, Emil, 1926: Wimpfeling und Murner im Kampf um die ältere Geschichte des Elsasses. Ein Beitrag zur Charakteristik des deutschen Frühhumanismus. Heidelberg.

Dann, Otto (Hg.), 1989: Nationalismus in vorindustrieller Zeit. München.

Deutsch, Karl W., 1966: Nationalism and Social Communication. An Inquiry Into The Foundations of Nationality. Cambridge, London.

Diehl, Adolf, 1937: Heiliges Römisches Reich Deutscher Nation. In: Historische Zeitschrift 156, S. 457–484.

Ehlers, Joachim (Hg.), 1989: Ansätze und Diskontinuität deutscher Nationsbildung im Mittelalter. Sigmaringen.

Ehlers, Joachim, 1992: Die Entstehung der Nationen und das mittelalterliche Reich. In: Geschichte in Wissenschaft und Unterricht 42, S. 264–274.

Elm, Kaspar, 1996: Gelehrte im Reich. Zur Sozial- und Wirkungsgeschichte akademischer Eliten des 14. bis 16. Jahrhunderts. Ein Resümee. In: Rainer Christoph Schwinges (Hg.): Gelehrte im Reich. Zur Sozial- und Wirtschaftsgeschichte akademischer Eliten des 14. bis 16. Jahrhunderts. Berlin, S. 514–525.

Fahrmeir, Andreas, 2017: Die Deutschen und ihre Nation. Geschichte einer Idee. Ditzingen.

Florack, Ruth, 2001: Tiefsinnige Deutsche, frivole Franzosen. Nationale Stereotype in deutscher und französischer Literatur. Stuttgart, Weimar.

Florack, Ruth, 2007: Bekannte Fremde. Zu Herkunft und Funktion nationaler Stereotype in der Literatur. Tübingen.

Fried, Johannes, 2015: Die Anfänge der Deutschen. Der Weg in die Geschichte. Berlin.

Friedeburg, Robert von, 2005: »Patria« und »Patrioten« vor dem Patriotismus. Pflichten, Rechte, Glauben und die Rekonfigurierung europäischer Gemeinwesen im 17. Jahrhundert. In: Robert von Friedeburg: »Patria« und »Patrioten« vor dem Patriotismus. Pflichten, Rechte, Glauben und die Rekonfigurierung europäischer Gemeinwesen im 17. Jahrhundert. Wiesbaden, S. 7–54.

Gellner, Ernest, 1991: Nationalismus und Moderne. Berlin.

Giesen, Bernhard (Hg.), 1992: Nationale und kulturelle Identität. Studien zur Entwicklung des kollektiven Bewusstseins in der Neuzeit. Frankfurt a. M.

Goerlitz, Uta, 2007: Literarische Konstruktion (vor)nationaler Identität seit dem Annolied. Analysen und Interpretationen zur deutschen Literatur des Mittelalters (11.–16. Jahrhundert). Berlin, New York.

Goerlitz, Uta, 2013: »...sine aliquo verborum splendore ...«. Zur Genese frühneuzeitlicher Mittelalter-Rezeption im Kontext humanistischer Antike-Transformation: Konrad Peutinger und Kaiser Maximilian I. In: Johannes Helmrath, Albert Schirrmeister (u. a.) (Hg.): Historiographie des Humanismus. Literarische Verfahren, soziale Praxis, geschichtliche Räume. Berlin, S. 85–110.

Goertz, Hans-Jürgen, 2004: Deutschland 1500–1848. Eine zertrennte Welt. Stuttgart.

Goetz, Hans-Werner, 2004: Die »deutschen Stämme« als Forschungsproblem. In: Heinrich Beck u. a. (Hg.): Zur Geschichte der Gleichung »germanisch-deutsch«. Sprache und Namen, Geschichte und Institutionen. Berlin, New York, S. 229–253.

Gruber, Joachim (Hg.), 2003: Conradi Celtis Protucii Panegyris ad duces Bavariae. Mit Einleitung, Übersetzung und Kommentar. Wiesbaden.

Greenfeld, Liah, 1992: Nationalism. Five Roads to Modernity. Cambridge (Massachusetts).

Hardtwig, Wolfgang, 1994: Nationalismus und Bürgerkultur in Deutschland. Göttingen.

Helmrath, Johannes, Ulrich Muhlack (u. a.) (Hg.), 2002: Diffusion des Humanismus. Studien zur nationalen Geschichtsschreibung europäischer Humanisten. Göttingen.

Helmrath, Johannes, 2007: Enea Silvio Piccolomini (Pius II.) – Ein Humanist als Vater des Europagedankens?. In: Themenportal Europäische Geschichte, URL: http://www.europa.clio-online.de/2007/Article=118 (besucht 2.11.22.)

Helmrath, Johannes, 2013: Probleme und Formen nationaler und regionaler Historiographie des deutschen und europäischen Humanismus um 1500. In: Johannes Helmrath: Wege des Humanismus. Studien zu Praxis und Diffusion der Antikeleidenschaft im 15. Jahrhundert. Tübingen, S. 213–278.

Herrmann, Hans Peter, Hans-Martin Blitz, Susanna Moßmann, 1996: Machtphantasie Deutschland. Nationalismus, Männlichkeit und Fremdenhaß im Vaterlandsdiskurs deutscher Schriftsteller des 18. Jahrhunderts. Frankfurt a. M.

Herrmann, Hans Peter, 2000 a: Nation und Subjekt. Zur Systematik des deutschen Nationalismus anhand von Texten Ulrichs von Hutten. In: Nicholas Vazsony (Hg.): Searching for Common Ground. Diskurse zur deutschen Identität 1750–1871. Köln, Weimar, Wien, S. 23–43.

Herrmann, Hans Peter, 2000 b: Subjekt, Nation und Autorschaft. Zu Ulrich von Huttens »Ein Neu Lied« (1521). In: Cornelia Blasberg, Franz Josef Deiters (Hg.): Geschichtserfahrung im Spiegel der Literatur. Festschrift für Jürgen Schröder zum 65. Geburtstag. Tübingen, S. 1–21.

Herrmann, Hans Peter, 2007: Krieg, Medien und Nation. Zum Nationalismus in Kriegsliedern des 16. und 18. Jahrhunderts. In: Wolfgang Adam, Holger Dainat (u. a.) (Hg.): Der Siebenjährige Krieg in den Medien. Göttingen 2007, S. 27–64.

Hirschi, Caspar, 2002: Das humanistische Nationskonstrukt vor dem Hintergrund modernistischer Nationalismustheorien. In: Historisches Jahrbuch der Görres-Gesellschaft 122, S. 355–396.

Hirschi, Caspar, 2005: Wettkampf der Nationen. Konstruktionen einer deutschen Ehrgemeinschaft an der Wende vom Mittelalter zur Neuzeit. Göttingen.

Hirschi, Caspar, 2006: Vorwärts in neue Vergangenheiten. Funktionen des humanistischen Nationalismus in Deutschland. In: Thomas Maissen, Gerrit Walther (Hg.): Funktionen des Humanismus. Studien zum Nutzen des Neuen in der humanistischen Kultur. Göttingen, S. 362–395.

Hirschi, Caspar, 2012: The Origins of Nationalism. An Alternative History from Ancient Rome to Early Modern Germany. Cambridge.

Hobsbawm, Eric, Terence Ranger (Hg.), 1983: The Invention of Tradition. Cambridge.

Hroch, Miroslav, 1978: Das Erwachen kleiner Nationen als Problem der komparativen sozialgeschichtlichen Forschung. In: Winkler 1978, S. 155–172.

Isenmann, Eberhard: Kaiser, Reich und deutsche Nation am Ausgang des 15. Jahrhunderts. In: Joachim Ehlers (Hg.) 1989: Ansätze und Diskontinuität deutscher Nationsbildung im Mittelalter. Sigmaringen, S. 145–320.

Jansen, Christian, Henning Borggräfe, 2020: Nation, Nationalität, Nationalismus. Frankfurt a. M., New York.

Jeismann, Michael, 1992: Das Vaterland der Feinde. Studien zum nationalen Feindbegriff und Selbstverständnis in Deutschland und Frankreich 1792–1918.

Joachimsen, Paul, 1910: Geschichtsauffassung und Geschichtsschreibung in Deutschland unter dem Einfluss des Humanismus. Leipzig und Berlin.

Kedourie, Elie, 1960: Nationalism. Oxford.

Knepper, Joseph, 1898: Nationaler Gedanke und Kaiseridee bei den elsässischen Humanisten. Ein Beitrag zur Geschichte des Deutschthums und der politischen Ideen im Reichslande. Freiburg.

Kösters, Klaus, 2009: Mythos Arminius. Die Varusschlacht und ihre Folgen. Münster.

Koppetsch, Cornelia, 2019: Die Gesellschaft des Zorns. Rechtspopulismus im globalen Zeitalter. Bielefeld.

Koselleck, Reinhart, 1989: Zur historischen Semantik asymmetrischer Gegenbegriffe. In: Reinhart Koselleck: Vergangene Zukunft. Zur Semantik geschichtlicher Zeiten. Frankfurt a.M., S. 211–259.

Könneker, Barbara, 1988: Germanenideologie und die Anfänge deutschen Nationalbewußtseins in der Publizistik Ulrich von Huttens. Dargestellt an seinem Dialog »Inspicientes«. In: Laub 1988, S. 279–292.

Krebs, Christopher B., 2005: Negotiatio Germaniae: Tacitus' Germania und Enea Silvio Piccolomini, Giannantonio Campano, Conrad Celtis und Heinrich Bebel. Göttingen.

Krebs, Christopher B., 2011: Ein gefährliches Buch. Die »Germania« des Tacitus und die Erfindung der Deutschen. Aus dem Englischen von Martin Pfeiffer. München.

Kunze, Rolf-Ulrich, 2005: Nation und Nationalismus. Darmstadt.

Kühlmann Wilhelm u.a. (Hg.), 1997: Humanistische Lyrik des 16. Jahrhunderts. Lateinisch und deutsch. In Zusammenarbeit mit [...] übersetzt, erläutert und hg. von Wilhelm Kühlmann, Robert Seidel und Hermann Wiegand. Frankfurt a.M.

Kühlmann, Wilhelm, 2000: Pluralisierung von Frömmigkeit – Glaube und Aberglaube in Celtis' Ode 1,16. In: Ulrike Auhagen, Eckardt Lefévre, Eckart Schäfer (Hg.): Horaz und Celtis. Tübingen, S. 181–194.

Kühlmann, Wilhelm, 2001: Reichspatriotismus und humanistische Dichtung. In: Ronald G. Asch, Wulf Eckart Voß (u.a.) (Hg.): Frieden und Krieg in der Frühen Neuzeit. Die europäische Staatenordnung und die außereuropäische Welt. München, S. 375–393.

Langewiesche, Dieter, 1995: Nation, Nationalismus, Nationalstaat. Forschungsstand und Entwicklungsperspektiven. In: Neue Politische Literatur 40, S. 190–236.

Langosch, Karl (Hg.), 1969: Johannes Cochlaeus, Brevis Germanie descriptio (1512), mit der Deutschlandkarte des Erhard Etzlaub von 1501. Übersetzt u. kommentiert von Karl Langosch, Darmstadt 1969.

Laub, Peter (Hg.), 1988: Ulrich von Hutten. Ritter, Humanist, Publizist. 1488–1523. Katalog zur Ausstellung des Landes Hessen anläßlich des 500. Geburtstages. Kassel.

Lemberg, Eugen, 1964: Nationalismus. 2 Bde. 1. Psychologie und Geschichte. 2. Soziologie und politische Pädagogik. Reinbek.

Lepsius, M. Rainer, 1978: Nation und Nationalismus in Deutschland. In: Winkler 1978, S. 12–27.

Lippe-Weißenfeld Hamer, Eva, 1999: »Virgo docta, virgo sacra«. Untersuchungen zum Briefwechsel Caritas Pirckheimers. In: Martial Staub, Klaus A. Vogel (Hg.): Wissen und Gesellschaft in Nürnberg um 1500. Wiesbaden, S. 121–155.

Marx, Karl, 1852: *Der achtzehnte Brumaire des Louis Bonaparte. MEW Bd. 8.*

Mense, Thorsten, 2016: Kritik des Nationalismus. Stuttgart.

Mertens, Dieter, 1977: Reich und Elsass zur Zeit Maximilians I. Untersuchungen zur Ideen- und Landesgeschichte im Südwesten des Reiches am Ausgang des Mittelalters. Freiburg i.B.

Mertens, Dieter, 1983: »Bebelius ... patriam Sueviam ... restituit«. Der poeta laureatus zwischen Reich und Territorium. In: Zeitschrift für württembergische Landesgeschichte 42, S. 145–173.

Mertens, Dieter, 1997: Europa, id est patria, domus propria, sedes nostra ... Zu Funktionen und Überlieferung lateinischer Türkenreden im 15. Jahrhundert. In: Zeitschrift für Historische Forschung 20.

Mertens, Dieter, 2000: Nation als Teilhabeverheißung. Reformation und Bauernkrieg. In: Dieter Langewiesche, Georg Schmidt (Hg.): Föderative Nation. Deutschlandkonzepte von der Reformation bis zum Ersten Weltkrieg. München, S. 115–134.

Mertens, Dieter, 2004 a: Die Dichterkrönung des Konrad Celtis. Ritual und Programm. In: Franz Fuchs (Hg.): Conrad Celtis und Nürnberg. Wiesbaden, S. 31–50.

Mertens, Dieter, 2004 b: Die Instrumentalisierung der »Germania« des Tacitus durch die deutschen Humanisten. In: Heinrich Beck, Dieter Geuenich (u.a.) (Hg.): Zur Geschichte der Gleichung »germanisch = deutsch«. Sprache und Namen, Geschichte und Institutionen. Berlin, New York, S. 37–101.

Mertens, Dieter, 2004 c: Zum politischen Dialog bei den oberrheinischen Humanisten. In: Bodo Guthmüller (Hg.): Dialog und Gesprächskultur in der Renaissance. Wiesbaden, S. 293–318.

Mertens, Dieter, 2012: Jakob Wimpfeling als zentrale Gestalt des oberrheinischen Humanismus. In: Jahrbuch für badische Kirchen- und Religionsgeschichte 6, S. 49–72.

Mettke, Heinz (Hg.), 1872: Ulrich von Hutten. Deutsche Schriften. Ausgewählt von Heinz Mettke. 2 Bde. Leipzig.

Moraw, Peter, 1985: Von offener Verfassung zu gestalteter Verdichtung. Das Reich im späten Mittelalter, 1250–1490. Berlin.

Moßmann, Susanna, 1996: Das Fremde ausscheiden. Antisemitismus und Nationalbewusstsein bei Ludwig Achim von Arnim und in der »Christlich-deutschen Tischgesellschaft«. In: Herrmann 1996, S. 123–160.

Mundt, Felix (Hg.), 2008: Rhenanus Beatus: Rerum Germanicarum libri tres (1531). Ausgabe, Übersetzung, Studien. Tübingen.

Müller, Jan-Dirk, 1982: Gedechtnus. Literatur und Hofgesellschaft um Maximilian I. München.

Müller, Gernot Michael, 2001: Die »Germania generalis« des Conrad Celtis. Studien mit Edition, Übersetzung und Kommentar. Tübingen.

Münkler, Herfried, 1989: Nation als politische Idee im frühneuzeitlichen Europa. In: Klaus Garber (Hg.): Nation und Literatur im Europa der frühen Neuzeit. Tübingen, S. 56–86.

Münkler, Herfried, Hans Grünberger, 1994: Nationale Identität im Diskurs der Deutschen. In: Helmut Berding (Hg.): Nationales Bewußtsein und kollektive Identität. Frankfurt a.M., S. 211–248.

Münkler, Herfried, Hans Grünberger (u.a.) 1998: Nationenbildung. Die Nationalisierung Europas im Diskurs humanistischer Intellektueller. Italien und Deutschland. Berlin.

Pindter, Felicitas (Hg.), 1934: Quattuor libri Amorum secundum quattuor latera Germaniae. Accedunt carmina aliorum ad libros Amorum pertinentia. Conradus Celtis Protucius. Lipsiae.

Planert, Ute, 2002: Wann beginnt der »moderne« deutsche Nationalismus? Plädoyer für eine nationale Sattelzeit. In: Jörn Echternkamp, Sven Oliver Müller (Hg.): Die Politik der Nation. Deutscher Nationalismus in Krieg und Krisen. 1760–1960. München, S. 25–59.

Planert, Ute, 2004: Nation und Nationalismus in der deutschen Geschichte. In: Bundeszentrale für politische Bildung (Hg.): Aus Politik und Zeitgeschichte. Wochenendbeilage zu Das Parlament 39, S. 11–18.

Ridé, Jaques, 1977: L'image du Germain dans la pensée et la litterature Allemandes de la rédecouverte de Tacité à la fin du XVI. siècle. 3 Bde. Lille, Paris.

Robert, Jörg, 2003: Konrad Celtis und das Projekt der deutschen Dichtung. Studien zur humanistischen Konstitution von Poetik, Philosophie, Nation und Ich. Tübingen.

Sassen, Saskia, 2008: Das Paradox des Nationalen. Territorium, Autorität und Rechte im globalen Zeitalter. Frankfurt a.M.

Schäfer, Eckart, 1976: Deutscher Horaz. Conrad Celtis – Georg Fabricius – Paul Melissus – Jacob Balde. Die Nachwirkung des Horaz in der neulateinischen Dichtung Deutschlands. Wiesbaden.

Schäfer, Eckart, 1982: Conrad Celtis' Ode an Apoll. Ein Manifest neulateinischer Dichtung in Deutschland. In: Volker Meid (Hg.): Gedichte und Interpretationen. Bd. 1. Renaissance und Barock. Stuttgart, S. 83–92.

Schäfer, Eckart, 2000: Nachlese zur Odenedition des Conrad Celtis. In: Ulrike Auhagen, Eckardt LeFévre (u.a.) (Hg.): Horaz und Celtis. Tübingen, S. 227–259.

Schäfer, Eckart (Hg.), 2012: Conrad Celtis. Oden/Epoden/Jahrhundertlied. Libri Odarum quattuor, cum Epodo et Saeculari Carmine (1513). Übersetzt von Eckart Schäfer, Tübingen.

Scheuer, Helmut, 1973: Ulrich von Hutten: Kaisertum und deutsche Nation. In: Daphnis 2/2, S. 133–157.

Schilling, Michael, 1990: Bildpublizistik in der frühen Neuzeit. Aufgaben und Leistung des illustrierten Flugblatts in Deutschland bis um 1700. Tübingen.

Schirrmeister, Albert, 2009: Was sind humanistische Landesbeschreibungen? Korpusfragen und Textsorten. In: Johannes Helmrath, Albert Schirrmeister (u.a.) (Hg.): Medien und Sprachen humanistischer Geschichtsschreibung. Berlin, New York, S. 5–46.

Schnell, Rüdiger, 1989: Deutsche Literatur und deutsches Nationsbewußtsein in Spätmittelalter und Früher Neuzeit. In: Joachim Ehlers (Hg.): Ansätze und Diskontinuität deutscher Nationsbildung im Mittelalter. Sigmaringen, S. 247–320.

Scholz, Susanne: Den Körper schreiben: Nationale Erzählung und Subjektwerdung im frühneuzeitlichen England. In: Bielefeld 1998, S. 76–106.

Schröcker, Alfred, 1974: Die Deutsche Nation. Beobachtungen zur politischen Propaganda des ausgehenden 15. Jahrhunderts. Lübeck.

Schulze, Hagen, 1989: Gibt es überhaupt eine deutsche Geschichte? Berlin.

Schwitalla, Johannes, 1999: Flugschrift. Tübingen.

Sieber-Lehmann, Claudius, 1991: »Teutsche Nation« und Eidgenossenschaft. Der Zusammenhang zwischen Türken- und Burgunderkriegen. In: Historische Zeitschrift 153, S. 561–602.

Sieber-Lehmann, Claudius, 1995: Spätmittelalterlicher Nationalismus. Die Burgunderkriege am Oberrhein und in der Eidgenossenschaft. Göttingen.

Smith, Anthony D., 2000: The nation in history: historiographical debates about ethnicity and nationalism. Hanover NH.

Spelsberg, Helmut, 1988: Veröffentlichungen Ulrichs von Hutten. In: Laub 1988, S. 412–441.

Stauber, Reinhard, 2019: »Nation, Nationalismus«. In: Enzyklopädie der Neuzeit Online. Consulted online on 13 January 2020 <http://dx.doi.org.ezproxy-unifr-2.redi-bw.de/10.1163/2352-0248_edn_COM_316128>.

Stolleis, Michael, 1991: Reichspublizistik und Reichspatriotismus vom 16. zum 18. Jahrhundert. In: Günter Birtsch (Hg.): Patriotismus. Aufklärung Jg. 4 (1989), Heft 2. Hamburg, S. 7–23.

Thomas, Heinz, 1991: Julius Cäsar und die Deutschen. Zu Ursprung und Gehalt eines deutschen Geschichtsbewußtseins in der Zeit Gregors VII. und Heinrichs IV. In: Stefan Weinfurter, Hubertus Seibert (Hg.): Die Salier und das Reich. Bd. 3. Gesellschaftlicher und ideengeschichtlicher Wandel im Reich der Salier. Sigmaringen, S. 245–278.

Thomas, Heinz, 2000: Sprache und Nation. Zur Geschichte des Wortes »deutsch« vom Ende des 11. bis zur Mitte des 15. Jahrhunderts. In: Andreas Gardt (Hg.): Nation und Sprache. Die Diskussion ihres Verhältnisses in Geschichte und Gegenwart. Berlin, New York, S. 47–101.

Tiedemann, Hans, 1913: Tacitus und das Nationalbewußtsein der deutschen Humanisten Ende des 15. und Anfang des 16. Jahrhunderts. Berlin.

Ukena, Peter, 1982: Legitimation der Tat. Ulrich von Huttens Neu Lied. In: Volker Meid (Hg.), Gedichte und Interpretationen. Bd. 1: Renaissance und Barock. Stuttgart.

Varrentrapp, Konrad, 1896: Sebastian Brants Beschreibung von Deutschland und ihre Veröffentlichung durch Caspar Hedio. In: Zeitschrift für die Geschichte des Oberrheins, Neue Folge XI, S. 288–308.

Wehler, Hans Ulrich, 2001: Nationalismus. Geschichte, Formen, Folgen. München.

Weisgerber, Leo, 1949: *Der Sinn des Wortes »Deutsch«*. Göttingen.

Werminghoff, Albert, 1921: Conrad Celtis und sein Buch über Nürnberg. Freiburg i. Br.

Widmer, Berthe, 1960: Enea Silvio Piccolomini, Papst Pius II. Ausgewählte Texte aus seinen Schriften. Herausgegeben, übersetzt und biographisch eingeleitet. Basel, Stuttgart.

Wiener, Claudia, 2006: Quatuor latera Germaniae. Die Amores als Beschreibung Deutschlands nach den vier Himmelsrichtungen. In: Claudia Wiener: Amor als Topograph. 500 Jahre Amores des Konrad Celtis. Ein Manifest des deutschen Humanismus. Schweinfurt, S. 93–106.

Winkler, Heinrich August (Hg.), 1978: Nationalismus. Königstein (Taunus).

Wohlfeil, Rainer, 1984: »Reformatorische Öffentlichkeit«. In: Ludger Grenzmann und Karl Stackmann: Literatur und Laienbildung im Spätmittelalter und in der Reformationszeit. Stuttgart, S. 41–52.

Worstbrock, Franz Josef, 1994: Hartmann Schedels »Indix Librorum«. Wissenschaftssystem und Humanismus um 1500. In: Johannes Helmrath (u.a.): Studien zum 15. Jahrhundert. Festschrift für Erich Meuthen. Bd. 2. München, S. 697–715.

Worstbrock, Franz Josef, 1995: Konrad Celtis. Zur Konstitution des humanistischen Dichters in Deutschland. In: Hartmut Boockmann, Bernd Moeller (u.a.) (Hg.): Literatur, Musik und Kunst im Übergang vom Mittelalter zur Neuzeit. Göttingen, S. 9–35.

Worstbrock, Franz Josef (Hg.), 2008–2015: Deutscher Humanismus 1480–1520, Verfasserlexikon. Berlin [u.a.].

Wrede, Martin, 2004: Das Reich und seine Feinde. Politische Feindbilder in der reichspatriotischen Publizistik zwischen Westfälischem Frieden und Siebenjährigem Krieg. Mainz.

Zientara, Benedykt, 1997: Frühzeit der europäischen Nationen. Die Entstehung von Nationalbewusstsein im nachkarolingischen Europa. Aus dem Polnischen von Jürgen Heide. Mit einem Vorwort von Klaus Zernack. Osnabrück.

Zinsmaier, Thomas (Hg.), 2007: Heinrich Bebel, Patriotische Schriften. Sechs Schriften über Deutsche, Schweizer und Schwaben. Übersetzt, erläutert und eingeleitet von Thomas Zinsmaier. Konstanz, Eggingen.